Judith Bremer

Einfach links schreiben

Judith Bremer

Einfach links schreiben

Praktischer Ratgeber für Eltern, Lehrer und Erzieher

VAK

VAK Verlags GmbH
Kirchzarten bei Freiburg

Bibliografische Information der Deutschen Nationalbibliothek
Die Deutsche Nationalbibliothek verzeichnet diese Publikation in der Deutschen Nationalbibliografie; detaillierte bibliografische Daten sind im Internet über http://dnb.d-nb.de abrufbar.

VAK Verlags GmbH
Eschbachstraße 5
79199 Kirchzarten
Deutschland
www.vakverlag.de

Lektorat: Norbert Gehlen
Fotos: Stephi Fiedler, Judith Bremer
Umschlagfoto: Carmen Martinez Banús / iStockphoto
Umschlagdesign: fuchs_design, München
Satz: Karl-Heinz Mundinger, VAK
Druck: Mediaprint, Paderborn
Printed in Germany
ISBN: 978-3-86731-057-4

Inhaltsverzeichnis

VORWORT

Wie ich zu diesem Thema kam

Wie so oft im Leben war auch für mich eines meiner drei Kinder der Anlass, mich näher mit dem Thema Linkshändigkeit zu beschäftigen: Mein erstgeborener Sohn wechselte im Alter von zwei Jahren seinen Handgebrauch. Die infolge dieser „Händigkeitsumschulung“ aufgetretenen Schwierigkeiten, die erfolgreiche „Händigkeitsrückschulung“ und mein wachsendes Interesse am Thema „umgeschulte Linkshändigkeit“ führten dazu, dass ich die Zusatzausbildung zur zertifizierten Linkshänderberaterin nach der Methodik von Dr. Johanna Barbara Sattler absolvierte. Die Schwerpunkte meiner Arbeit sind:

- Händigkeitstestungen
- Vorträge in Kindergärten, Familienbildungsstätten und Volkshochschulen
- Lehrerausbildung und Lehrerfortbildung
- Fortbildungen für Erzieherinnen und Erzieher
- Schreibvorbereitungskurse für linkshändige Kinder über die VHS Kappeln
- Beratung von Eltern linkshändiger Kinder
- Beratung und Begleitung von Rückschulungsprozessen
- Gesprächsangebote und Gruppentreffen für umgeschulte linkshändige Erwachsene

An mich als Händigkeitsberaterin wenden sich Eltern, die die Händigkeit ihres Kindes überprüfen lassen möchten. Entweder sind sie durch Vorträge oder Zeitungsartikel auf dieses Thema aufmerksam geworden oder aber Erzieherinnen, Grundschullehrerinnen, Ergotherapeutinnen, Motopädinnen, Logopädinnen, Psychologinnen oder auch qualifizierte Sporttrainer haben diese Eltern in Bezug auf ihr Kind gezielt auf das Thema umgeschulte Händigkeit angesprochen.

Stelle ich dann aufgrund einer Händigkeitstestung fest, dass ein Kind tatsächlich umgeschult linkshändig ist und dass eine Rückschulung, das heißt das Erlernen des linkshändigen Schreibens für dieses Kind eine Verbesserung darstellen würde, rate ich den Eltern, ihr Kind auf die linke Hand rückzuschulen.

Nachdem ich mittlerweile mehrere hundert Eltern über die Händigkeitsrückschulung ihrer Kinder informiert habe und vielen auch während der Rückschulungsphase beratend zur Seite stand, möchte ich mein hierbei erworbenes Wissen, meine Erfahrungen, praktische Tipps und Anregungen zum linkshändigen Schreiben einem größeren Kreis zugänglich machen.

Ich würde mich freuen, Sie mit dieser Lektüre bei der erfolgreichen Vermittlung des linkshändigen Schreibens unterstützen zu können.

Judith Bremer

KAPITEL 1

Händigkeit und umgeschulte Händigkeit

Die Händigkeit eines Menschen wird im Allgemeinen an seiner Mal- und Schreibhand festgemacht: Malt ein Kind mit der rechten Hand, so gehen wir davon aus, dass es rechtshändig ist. Allerdings: Häufig stimmt die Händigkeit mit der Mal- bzw. Schreibhand überein, aber eben nicht immer!

Der Grund dafür, dass Menschen (und übrigens auch viele Säugetiere) einen bevorzugten Handgebrauch haben, liegt in der angeborenen Dominanz, also der Vorrangstellung oder führenden Rolle einer Gehirnhälfte. Nicht die *Zweiteilung* des Gehirns als solche (in rechte und linke Gehirnhälfte) ist also die Ursache für die Entstehung der Händigkeit, sondern die *Dominanz einer Gehirnhälfte*. Bekanntlich steuert die rechte Gehirnhälfte die Bewegungen der linken Körperseite und die linke Gehirnhälfte steuert die Bewegungen der rechten Körperseite: „Dass die linke Seite des Gehirns etwas mit der rechten Seite des Körpers zu tun hat und umgekehrt, das entdeckten schon die alten Griechen. Hippokrates beobachtete, dass Verletzungen der einen Seite des Kopfes oft dazu führten, dass die andere Seite des Körpers gelähmt wurde oder unter Anfällen litt." (Calvin und Ojemann: *Einsicht ins Gehirn*, S. 24)

Beide Gehirnhälften brauchen und ergänzen einander und arbeiten sozusagen als Team zusammen. Wie in jedem Team gibt es auch hier einen Teamchef und das ist in unserem Fall die dominante Gehirnhälfte.

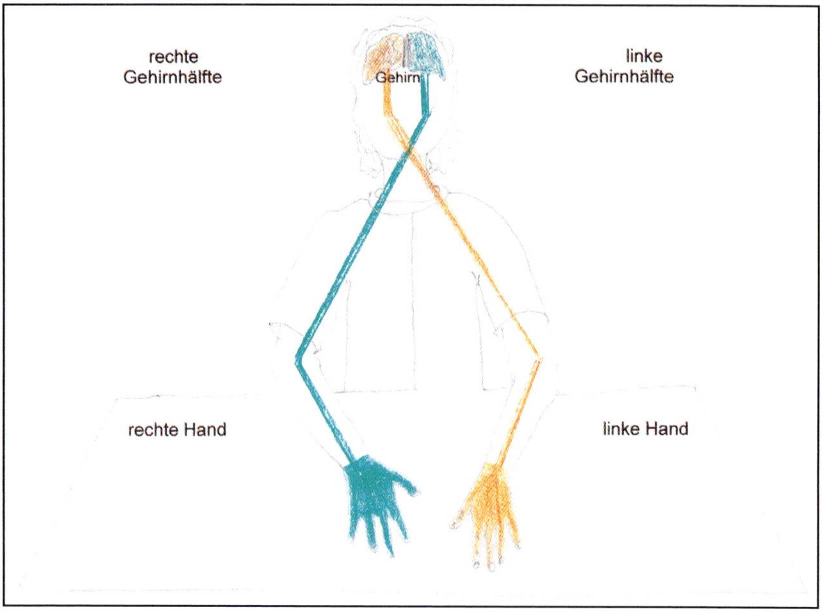

Die Bewegungen der Hände werden von der jeweils gegenüberliegenden Gehirnhälfte gesteuert. (Zeichnung: Katja Polomsky-Weddig, 2009)

Wissenswertes

Der Mensch verfügt außer über Händigkeit auch über Äugigkeit, Ohrigkeit und Füßigkeit. Jedoch sind nur 30 Prozent der Linkshänder auch linksäugig. Häufiger passen Füßigkeit und Händigkeit zusammen. Der Zusammenhang von Händigkeit, Füßigkeit, Äugigkeit und Ohrigkeit ist bisher noch nicht wissenschaftlich geklärt, daher ist von der Füßigkeit, Ohrigkeit und Äugigkeit nicht automatisch auf die Händigkeit zu schließen.

Die eben beschriebene Dominanz einer Gehirnhälfte ist also ursächlich für die angeborene Händigkeit. Dominanz heißt dem Wortsinn nach Vorherrschaft; das bedeutet, dass eine Gehirnhälfte führend ist – was jedoch nicht falsch verstanden werden sollte: Der Mensch benutzt durchaus beide Gehirnhälften. Er ist ja kein „Halbhirner“. Ganz im Gegenteil: Gutes *Zusammenspiel* beider Gehirnhälften ist gerade die Kunst, auf die es ankommt. Hier ist unser Gehirn vergleichbar mit einem Orchester.

Fazit bis hierher: Händigkeit, also die führende Rolle einer Hand, ist keine Angewohnheit – Händigkeit ist angeboren!

Händigkeit ist Hirnigkeit!

Obwohl Kinder rechts- oder linkshändig auf die Welt kommen – genauso, wie sie als Mädchen oder als Junge geboren werden –, finden einige linkshändige Kinder nicht zum Gebrauch ihrer dominanten Hand. Damit ist gemeint, dass diese Kinder irrtümlicherweise ihre Haltehand als Führungshand einsetzen. Der Handgebrauch dieser Kinder ist somit nicht mehr mit ihrer angeborenen Händigkeit identisch.

Im natürlichen Zusammenspiel der Hände arbeitet automatisch eine Hand als Halte- und die andere als Führungshand. Diese Aufgabenteilung der Hände in Halte- und Führungshand lässt sich nur bei Tätigkeiten, bei denen der Einsatz beider Hände gefordert ist, beobachten. Die Haltehand (= nicht dominante Hand) hat eine eher passive Funktion und ermöglicht somit der Führungshand (= dominante Hand) das aktive Lenken bzw. Führen. Die Händigkeit eines Menschen zeigt sich somit im Einsatz seiner dominanten Hand bei führenden Tätigkeiten. Bei einhändig auszuführenden Tätigkeiten (Malen, Schreiben) ist der Unterschied von Halte- und Führungshand nicht so einfach zu erkennen.

Wird festgestellt, dass ein Kind den Stift mit der nicht dominanten Hand führt, spricht man von einer Händigkeitsumschulung.

Verschiedene Gründe können dazu führen, dass ein Kind seine dominante Hand nicht zum Malen, Schreiben und Essen benutzt:

1. Umschulung von außen
2. Selbstumschulung
3. Sauerstoffmangel während der Geburt

Zu 1.: **Die Umschulung von außen**, das heißt die ausdrückliche Lenkung des Handgebrauchs auf die rechte Hand gibt es auch heute noch. Die meisten Menschen gehen zwar davon aus, dass man heutzutage linkshändige Kinder nicht mehr auf die rechte Hand umschult, doch diese Annahme ist falsch. Es wird immer noch umgeschult, zwar nicht mehr so „gewaltsam“ wie noch zu Zeiten unserer Großeltern, *aber auch heute noch nimmt das Umfeld des Kindes Einfluss auf dessen Händigkeitsentwicklung.*

Solche Umschulungen finden meist in der Familie oder im nahen Umfeld statt: Der Stift wird dem Kind immer in die rechte Hand gegeben, *der Esstisch wird nur für Rechtshänder eingedeckt …* Oft werden Kinder, die das Messer in der linken Hand führen wollen, zum rechtshändigen Gebrauch gedrängt.

Natürlich ist es wichtig, dass Kinder „Tischmanieren“ erlernen und wissen, wie man mit Messer und Gabel umgeht. Gerade das Hantieren mit Messer und Gabel ist für Kinder anfangs mühsam zu erlernen, denn es handelt sich hierbei um eine komplexe Hand-Hand-Koordination: Die Gabel (Haltehand) hält die Pizza, das Messer (Führungshand) schneidet ein Stück davon ab. Zum Fixieren der Pizza wäre die Verwendung der dominanten Hand „Verschwendung“; das Schneiden ist die schwierigere Bewegung und daher sollte diese Bewegung auch mit der dominanten Hand ausgeführt werden dürfen. Gute Tischmanieren sollten daran gemessen werden, ob das Kind geschickt und erfolgreich mit Messer und Gabel umgehen kann.

Mit dem unreflektierten Scheinargument „Das macht man so!“ sollte kein Kind zum Hantieren mit der nicht dominanten Hand gezwungen werden – es kann sonst zu Schwierigkeiten in der

Zusammenarbeit beider Hände kommen. Bei konkreten Fragen des Kindes ist folgende Regel hilfreich:

**„Welche Hand kann es besser?
Diese Hand nimmt das Messer!“**

Eltern berichten mir manchmal von großen Schwierigkeiten ihrer Kinder beim Erlernen des Umgangs mit Messer und Gabel. So hörte ich beispielsweise einmal die folgende Klage: „Unser Sohn *reißt* mit der Gabel die Pizza mehr auseinander, als dass er sie mit dem Messer schneidet.“ – Klarer Fall! Nur wenn die *dominante* Hand die Koordination der Hände steuert, können solche Fertigkeiten vom Kind einfach, mühelos und erfolgreich erlernt werden.

Es gibt auch heute noch viele Linkshänder, die das Hantieren mit Messer und Gabel rechtshändig erlernt haben und dies problemlos ausführen können. Es geht auch hier nicht darum, ***was*** *Menschen lernen können, sondern* ***warum*** *sie es lernen sollen. Auch das Saftglas, das rechts neben dem Teller platziert wird, stellt eine Lenkung des Handgebrauchs dar. Sinnvoll ist es, bei kleinen Kindern das Glas mittig hinter den Teller zu stellen. Zum einen fällt das Glas dann nicht ganz so häufig um und zum anderen wird der Handgebrauch dadurch nicht in eine bestimmte Richtung gelenkt.*

Die sprachliche Korrektur „Gib bitte das *schöne* Händchen“ (wahlweise: das artige, saubere, gute, brave …) während einer Begrüßungssituation stellt ebenfalls eindeutig eine Wertung und somit einen äußeren Einfluss auf die Händigkeitsentwicklung des Kindes dar. Häufig wird „die schöne Hand“ von der älteren Generation eingefordert – Großeltern spielen hier eine bedeutende Rolle. Aber auch in vielen Kindergärten wird von den Kindern noch verlangt, dass sie ihre Erzieherin am Morgen mit der „schönen“ Hand begrüßen.

Es ist in der Tat so, dass die meisten kleinen Kinder spontan mit ihrer dominanten Hand grüßen. Das rechtshändige Kind hat also mit dem Erlernen des Händeschüttelns keine Schwierigkeiten, weil seine spontane Handbewegung konform ist. Anders das linkshändige Kind, denn dieses „muss“ lernen, zum Grüßen die „andere“ Hand zu benutzen.

Ich möchte an dieser Stelle ausdrücklich betonen, dass ich nicht die Konvention des Händeschüttelns in Frage stellen möchte, aber an diesem Beispiel soll gezeigt werden, dass der Handgebrauch der Kinder sehr wohl gelenkt wird. Wer die *rechte* Hand des Kindes meint, diese aber als die „richtige“ Hand, die „schöne“ Hand, die „gute“ Hand, die „artige“ Hand oder ähnlich bezeichnet, der *bewertet* die rechte und die linke Hand und diese sprachliche Wertung ist ein Eingriff in die Händigkeitsentwicklung der Kinder. (Siehe hierzu auch Kapitel 4)

Die Wertung der rechten Hand als „richtige“, „schöne“, „artige“ Hand ist ein Eingriff in die Händigkeitsentwicklung.

Auch beim Erlernen des Schneidens mit der Schere kommt es häufig ganz ungewollt zu einer Lenkung des Handgebrauchs. Beim Schneiden mit einer Schere gilt das Gleiche wie beim Anziehen der Schuhe: Der rechte Fuß passt nur in den rechten Schuh, der linke Fuß nur in den linken Schuh. Vertauschen Kinder die Schuhe, so sprechen wir gewöhnlich von „Entenfüßen“. Gleiches gilt für Hand und Schere: Schneidet das Kind mit der rechten Hand, so benötigt es eine Rechtshänderschere; schneidet es mit der linken Hand, benötigt es demzufolge eine Linkshänderschere.

Übrigens: Das Problem des Schneidens mit der Schere in der „falschen“ Hand kennen alle vom Fingernägelschneiden. Schneidet man mit der linken Hand die Fingernägel der rechten Hand, so schneidet die Schere nicht richtig …

Haben linkshändige Kinder keine Linkshänderschere zur Verfügung, gewöhnen sie sich entweder an, mit der rechten Hand zu schneiden, oder aber sie schneiden mit der Rechtshänderschere in der linken Hand. Wenn sie auf eine dieser Arten erfolgreich sind, kann man es dabei belassen. Wenn das Kind die Technik des Schneidens aber noch nicht beherrscht, sollte man versuchen, auf eine Linkshänderschere zu wechseln.

Interessant ist die Beobachtung umgeschult linkshändiger Kinder (und ebenso umgeschult linkshändiger Erwachsener) beim Schneiden mit der Rechtshänderschere in der rechten Hand. Die rechte Hand betätigt zwar die Schere, wird aber ansonsten starr gehalten (dient also eher als Haltehand), während die linke Hand das Blatt führt und dreht (aktive Hand). Sehr schön ist dies auch an der Bewegung des linken Ellbogens und Unterarms nachzuvollziehen: Der linke Ellbogen und der Unterarm kommen deutlich weiter hoch als Ellbogen und Unterarm der rechten Hand.

Gibt man nun diesem Kind eine Linkshänderschere in die Hand und lässt es erneut etwas ausschneiden, so kann man wieder die gleiche Beobachtung machen: Es werden sich vorwiegend der linke Ellbogen und der linke Unterarm nach oben bewegen.

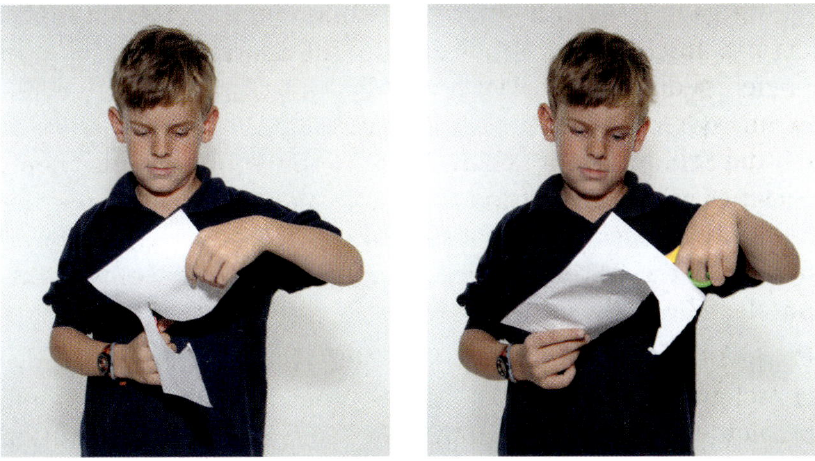

Ein linkshändiges Kind schneidet auf dem linken Foto mit einer Rechtshänderschere in der rechten Hand, auf rechten Foto mit einer Linkshänderschere in der linken Hand.

Abgesehen von solchen äußeren Einflüssen gibt es aber noch andere Gründe dafür, dass ein Kind nicht zu seiner dominanten Hand findet.

Zu 2.: **Weit verbreitet, jedoch kaum bekannt, ist das Phänomen sich selbst umschulender Kinder.** Auslöser für die Selbstumschulung ist das Imitationsverhalten der Kinder, das heißt das Nachahmen der Eltern, der größeren Geschwister und vor allem der Spielkameraden. Kinder wollen „so wie Mama und Papa" sein, sie möchten nicht auffallen. Wenn Kinder Bewegungsabläufe, die das Zusammenspiel beider Hände erfordern, einfach von ihrer Umgebung abschauen und dann genauso kopieren, kann es zur Umschulung kommen. Beispiele:

- Mit Messer und Gabel essen
- Mit Gabel und Löffel Spaghetti „aufdrehen"
- Mit Hammer und Zange hantieren
- Eine Schlaufe binden

Gerade kleine Kinder haben anfangs Mühe, die dafür notwendige Koordination der Hände zu erlernen. Wenn dann nicht bekannt ist, welche Händigkeit das Kind hat, neigen viele Erwachsene dazu, dem Kind diese Bewegungsabläufe entsprechend ihrer *eigenen* Händigkeit zu zeigen. Aber es kann auch Folgendes vorkommen:

Die dreijährige linkshändige Lena lernt im Kindergarten die ebenfalls dreijährige, allerdings rechtshändige Ruth kennen. Die Mädchen mögen einander und sind bald beste Freundinnen. Ruth kann schon so schöne Blumen malen und Lena möchte das auch können. Also schaut sie genau zu, wie ihre Freundin die Blumen malt, und dann malt sie sie genauso nach – nämlich ebenfalls mit der rechten Hand!

Dieses Lernen durch Nachahmung ist eine wichtige Lernform; in diesem Fall wurde außer der Maltechnik auch noch der Handgebrauch nachgeahmt. Aufgrund selektiver Wahrnehmung kann es aber auch zu *fehlerhafter* Nachahmung kommen.

Beispiel:
Lasse, eineinhalb Jahre alt, imitiert beim Blättern in einem Buch seinen Vater. Der Vater feuchtet stets mit der Zunge erst den linken Zeigefinger an, um dann mit diesem die Seite umzuschlagen. Lasse beobachtet und macht es dem Vater nach. Allerdings feuchtet er immer den Zeigefinger der rechten Hand an, um dann aber mit dem Zeigefinger der linken Hand die Seite umzuschlagen. Das Anfeuchten hat somit seinen Sinn verloren. Lasse erkennt diesen Zusammenhang nicht, ist jedoch der Meinung, er tue genau das Gleiche wie sein Papa.

Zu 3.: Ein weiterer Grund, warum Kinder nicht immer zu ihrem dominanten Handgebrauch finden, kann in **Komplikationen während der Geburt** liegen.

Die renommierte Wegbereiterin der Linkshänder-Forschung und -Beratung in Deutschland, Johanna Barbara Sattler, berichtet in ihrem Buch *Der umgeschulte Linkshänder* von breit angelegten Testuntersuchungen, die den Zusammenhang belegen, dass Kinder, die während der Geburt unter *Sauerstoffmangel* gelitten hatten (auch wenn er noch so kurz oder gering gewesen war), später auffallend große Schwierigkeiten hatten, eigenständig zum Gebrauch ihrer dominanten Hand zu finden.

Kommt es zu einer Sauerstoffunterversorgung des Gehirns, wird die dominante Gehirnhälfte zuerst und stärker in Mitleidenschaft gezogen. Hiervon betroffene Kinder haben meist keine Chance, ihre dominante Hand von selbst zu finden, und passen sich entweder schnell ihrer Umgebung an (Imitation) oder sie fallen lange Zeit durch ständig wechselnden Handgebrauch auf. (Siehe dazu Sattler: *Der umgeschulte Linkshänder*, S. 247 ff., S. 350 u. S. 358)

Diesen Zusammenhang stelle ich auch bei meinen Händigkeitstestungen regelmäßig fest. Berichten Eltern über wechselnden Handgebrauch ihres Kindes, so finde ich im Untersuchungsheft häufig APGAR-Werte, die einen Sauerstoffmangel unter der Geburt dokumentieren. (In dem gelben Untersuchungsheft, das allen Eltern nach der Geburt ihres Kindes ausgehändigt wird, werden die regelmäßigen ärztlichen Vorsorgeuntersuchungen des Kindes bis zum Jugendalter dokumentiert.)

So erklärt sich, dass bei weitem nicht jedes Kind, das den Stift in der rechten Hand hält, auch tatsächlich rechtshändig ist.

Die Mal- oder Schreibhand ist nicht automatisch auch die dominante Hand des Kindes.

An dieser Stelle möchte ich auf die häufig gestellte Frage eingehen:

„Was ist denn mit den beidhändigen Kindern?“

Laut Duden sind „Beidhänder“ Menschen, die mit beiden Händen gleich geschickt sind. Da die Händigkeit als ein Merkmal der Gehirnhälftendominanz („Hemisphärendominanz“) dem Menschen angeboren ist, müssten Beidhänder also Menschen sein, bei denen keine der beiden Gehirnhälften dominant ist.

Ein koordiniertes Zusammenspiel beider Gehirnhälften ohne Führung oder Lenkung durch eine der beiden Gehirnhälften ist für mich nicht denkbar. Ich schließe mich daher der Auffassung vieler auf diesem Gebiet arbeitender Fachleute an: Beidhänder in dem Sinne, dass beide Gehirnhälften gleich stark sind, kann es nicht geben. Menschen, die sich selbst als Beidhänder bezeichnen, sind meist umgeschulte Linkshänder, die zum Schreiben, häufig auch zum Essen, die rechte Hand benutzen, aber die meisten anderen Tätigkeiten mit der linken Hand ausführen. Oftmals wissen diese vermeintlichen Beidhänder gar nichts von ihrer Umschulung, wahrscheinlich deshalb, weil sie sich in ihrer frühen Kindheit unbewusst selbst umgeschult haben.

Was jedoch bei *diesen* vermeintlichen Beidhändern besonders gut funktioniert, ist die Zusammenarbeit beider Gehirnhälften; somit sind viele von ihnen in der Lage, die Folgen der Umschulung (auf die wir weiter unten noch eingehen werden) ganz gut auszugleichen.

Häufig wird der Begriff Beidhänder aber auch von Menschen verwendet, die rechtshändig schreiben, jedoch betonen möchten, dass sie viele Bewegungen (meist im handwerklichen Bereich) ebenso gut mit der linken Hand ausführen können.

Andere Kinder mit großen Schwierigkeiten in der Feinmotorik fallen gerade mit diesem Merkmal auf, nämlich dass sie keine ausgeprägte Händigkeit zeigen. *Feinmotorische Schwierigkeiten sind bei diesen Kindern meist Folge ihrer nicht gefundenen Händigkeit.* Somit fällt die angebliche Beidhändigkeit viel öfter dadurch auf, dass Kinder wenig oder gar keine Geschicklichkeit im Handgebrauch entwickeln können. Das Phänomen, das von „Beidhändern" beschrieben wird („Ich kann alles gleich gut mit der rechten und der linken Hand!"), kann höchstens als Ausnahmeerscheinung angesehen werden. In meiner Praxis als Händigkeitsberaterin habe ich noch nie eine wirkliche Beidhändigkeit feststellen können. Alle, die sich als Beidhänder betrachteten, hatten eine dominante Hand, nur war ihnen das nicht bewusst!

Es ist mir wichtig, hier zu betonen, dass es nicht darum geht, erwachsenen Menschen eine „umgeschulte Linkshändigkeit" zu attestieren und damit ein Problembewusstsein zu schaffen, das bisher nicht vorhanden war. Es geht hier ausschließlich um linkshändige Kinder.

Wer sich beidhändig gleich geschickt fühlt und keine Schwierigkeiten hat, dem sei versichert, dass damit alles in Ordnung ist und er sich weiter kein Kopfzerbrechen zu machen braucht.

Die Händigkeitsverteilung in der Bevölkerung

Immer wieder wird die Frage nach der Verteilung der Händigkeit in der Bevölkerung gestellt: Wie viele Rechtshänder und wie viele Linkshänder gibt es eigentlich?

Die Schwierigkeit beim Beantworten dieser Frage erklärt sich nach der Lektüre der vorherigen Seiten fast von selbst. Es gibt leider keine verlässlichen Untersuchungen über die Händigkeitsverteilung in der Bevölkerung. Die Angaben über den Anteil der Linkshänder schwanken zwischen 10 und 50 Prozent! Wird die Händigkeit mittels einer Selbsteinschätzung erfragt, bezeichnen sich viele Erwachsene, die sich als Kleinkind selbst umgeschult haben, als rechtshändig, was aber das Ergebnis verfälscht. Viele Menschen glauben irrtümlich, mit der Frage nach der Händigkeit sei die Schreibhand gemeint. Um zu wissenschaftlich genauen Zahlen zu kommen, müsste man in einer groß angelegten Händigkeitsuntersuchung mindestens 1000 Menschen von kompetenten Fachkräften testen lassen. Leider fehlt jedoch die Bereitschaft, Gelder für eine solche – offenbar als nicht wichtig angesehene – Untersuchung bereitzustellen.

Nicht die wahre Händigkeit, sondern lediglich das derzeitige Verhältnis von rechts und links schreibenden Grundschulkindern habe ich selbst in zwei Untersuchungen in den Jahren 2004 und 2006 in einem kleinen Bereich von Schleswig-Holstein exemplarisch zu ermitteln versucht. Knapp 5000 Schülerdaten konnte ich dabei auswerten. Die Klassenleiter erhielten jeweils einen Fragebogen, in dem sie die Anzahl ihrer Schüler und Schülerinnen eintragen und angeben sollten, wie viele dieser Kinder mit der rechten Hand und wie viele mit der linken Hand schrieben. Demnach schrieben 11 Prozent der Kinder mit der linken Hand. Das heißt aber nicht, dass alle anderen automatisch rechtshändig waren.

Hierbei musste ich feststellen, dass es zahlreiche Klassen ohne ein einziges links schreibendes Kind gibt. (Dem stehen andererseits einzelne Klassen mit bis zu 33 Prozent links schreibenden Kinder gegenüber.) Auch weichen einige Schulen mit Anteilen von weniger als 5 Prozent links schreibender Kinder signifikant von allen denk- und nachvollziehbaren Werten ab. Ich persönlich bin davon überzeugt, dass in jeder Schulklasse etwa ein Viertel der Kinder nicht mit ihren dominanten Händen schreiben.

KAPITEL 2

Die Folgen umgeschulter Händigkeit

Schreiben ist eine komplexe Tätigkeit, die dem Gehirn Höchstleistungen abverlangt. Während der feinmotorischen Leistung, die die Schreibhand vollzieht, muss gleichzeitig über Inhalt, Satzbau und Rechtschreibung des zu schreibenden Textes nachgedacht werden. Zusätzlich ist der Schreibende auch emotional an dieser Tätigkeit beteiligt. Dies bedeutet, dass während des Schreibens mehrere Zentren im Gehirn zeitgleich aktiv sind.

Die Gehirnhälfte, die der Schreibhand gegenüberliegt, ist somit im höchsten Maße gefordert, denn sie steuert die Bewegung der Schreibhand. Wenn diese Gehirnhälfte jedoch nicht die dominante ist, wird sie überfordert und die andere Gehirnhälfte wird unterfordert. Es kommt offensichtlich zu einem „Autoritätsproblem“ zwischen den beiden Gehirnhälften: Der stärkeren wird die Steuerung sozusagen untersagt und der schwächeren wird genau diese Steuerung abverlangt. (Im Theater oder beim Film würde man hier von einer klassischen „Fehlbesetzung“ sprechen.)

So sehen beim Schreiben die Aktivierungsmuster im Gehirn aus:

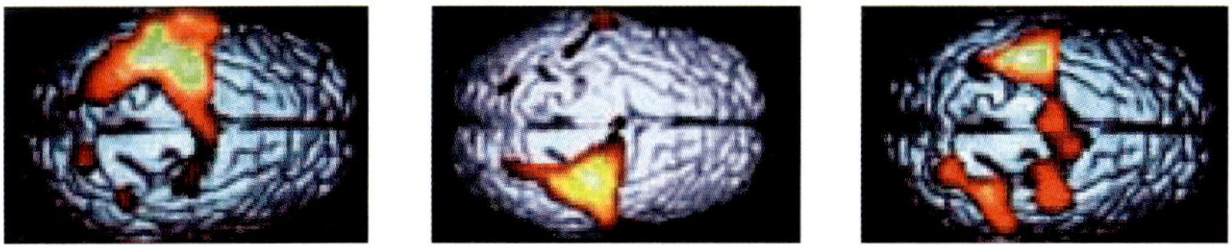

Rechtshänder | Linkshänder | umgeschulter Linkshänder

(Quelle: *www.quarks.de*, WDR-Sendung „Die Hand“ von J. König, 18. 2. 03)

Im Amerikanischen spricht man treffenderweise von *brain-breaking*, wenn von Umschulung die Rede ist. Wenn es eine Bedienungsanleitung für das menschliche Gehirn gäbe, könnte man beim Schreiben mit der nicht dominanten Hand auch von einem „Benutzerfehler“ sprechen, denn es kostet unser Gehirn rund 30 Prozent mehr Energie, diesen Umweg zu leisten. Bedauerlicherweise existiert jedoch im Gehirn kein Kraftwerk, das die zusätzlich benötigte Energie zur Verfügung stellen könnte, sodass diese Energie von anderer Stelle abgezogen werden muss. Als logische Konsequenz dieser Überbelastung erklären sich die häufig zu beobachtenden *Primärfolgen einer Händigkeitsumschulung.*

Primärfolgen

- Gedächtnisstörungen (besonders beim Abrufen von Lerninhalten)
- Konzentrationsschwierigkeiten (schnelle Ermüdbarkeit)
- Lese-Rechtschreib-Störungen
- Feinmotorische Störungen (wie Stifthaltung, stark erhöhter Schreibdruck, verminderte Schreibgeschwindigkeit)
- Sprachstörungen (Stammeln bis Stottern, Wortfindungsprobleme)
- Rechts-links-Unsicherheit (Verwechseln von rechts und links)

Die eigentliche Intelligenz des Menschen wird durch eine Händigkeitsumschulung nicht verändert; es werden aber Hindernisse errichtet, die die Konzentration auf das Wesentliche erschweren – und unter Umständen sogar unmöglich machen. Kindern erkläre ich diesen Zusammenhang gerne an folgendem Beispiel:

Wenn Kinder um die Wette laufen, müssen alle die gleichen Startbedingungen haben. Wenn ich einem Kind heimlich schwere Gewichte unter die Schuhe klebte, wäre das ganz schön unfair, denn so könnte es nicht mit den anderen mithalten.

Die genannten Primärfolgen können zudem häufig zu den unterschiedlichsten Sekundärfolgen führen.

Sekundärfolgen

- Selbstwertprobleme
- Überkompensation durch erhöhten Leistungseinsatz
- Trotzhaltung, Widerspruchsgeist, Imponier- und Provokationsgehabe
- Bettnässen, Nägelkauen
- Verhaltensstörungen

Es erscheint mir wichtig, hier zu betonen, dass natürlich auch Rechtshänder und nicht umgeschulte Linkshänder von diesen Problemen betroffen sein können. Die geschilderten Probleme sind *mögliche* Anzeichen, die auf eine gestörte oder irritierte Arbeitsweise des Gehirns hindeuten können.

Da diese Verhaltensauffälligkeiten oft mit dem Aufmerksamkeitsdefizitsyndrom (ADS) in Verbindung gebracht werden, *sollte bei jedem ADS/ADHS-Verdacht und bei jeder entsprechenden Diagnose auch die Händigkeit überprüft werden.*

Bei *Legasthenieverdacht* ist die Händigkeitsüberprüfung nicht nur ratsam, sondern meiner Meinung nach zwingend erforderlich. Denn sind legasthenische Probleme Folge einer Händigkeitsumschulung, dann wäre die Rückschulung auf die dominante Hand in sehr vielen Fällen hilfreicher als jahrelange „Legasthenieförderung". Die Legasthenie (= Lese-Rechtschreib-Schwäche/Störung) ist in diesem Sinne nicht „heilbar"; legasthenische Probleme infolge einer Händigkeitsumschulung werden durch die Rückschulung meist stark vermindert oder können auch neutralisiert werden.

Aus meiner täglichen Praxis gebe ich Ihnen hier ein bezeichnendes Beispiel für das Auftreten legasthenischer Probleme infolge des Schreibens mit der nicht dominanten Hand. Das Beispiel stammt aus einer Veranstaltung zur Fortbildung von Lehrerinnen und Lehrern. Während solcher Fortbildungen zum Thema „Linkshändige und umgeschulte Kinder in der Grundschule" zeige ich rechtshändigen Lehrerinnen und Lehrern, wie man linkshändigen Kindern das Schreiben beibringen kann, ohne dass die Kinder in eine verkrampfte Schreibhaltung kommen. (Ausführlicher in Kapitel 13) Dazu müssen alle Anwesenden selbst einmal das Schreiben mit der linken Hand versuchen. Ich bat also in solch einer Fortbildung die Teilnehmer, das Wort „Herbstferien" mit ihrer linken (nicht dominanten) Hand zu schreiben. Eine Lehrerin sagte plötzlich: „Na so was, jetzt habe ich ‚Herbstferien' mit h geschrieben!" (Herbstfehrien) In der darauffolgenden Fortbildung geschah das Gleiche mit dem Wort „Weihnachtsferien". (Weihnachtsfehrien)

Also: Das Schreiben mit der nicht dominanten Hand kann als Folge der Überbeanspruchung des Gehirns sogar bei Lehrenden zu Rechtschreibefehlern führen!

Während des Treffens einer Selbsthilfegruppe für Eltern von Legasthenie betroffener Kinder berichteten mehrere Eltern, dass ihre Kinder die Wörter durchaus richtig buchstabieren könnten, dass beim Aufschreiben aber die Legasthenie „zum Vorschein" komme. *Der Fehler ist also nicht im Denkprozess (kognitiv), sondern im Schreibprozess (produktiv) zu suchen.*

Da einige private Lerninstitute mittlerweile gutes Geld mit (teilweise jahrelanger) „Legasthenieförderung" verdienen, ist es nachvollziehbar, dass gerade dort kein Interesse am Erkennen des Zusammenhangs von Legasthenie als mögliche Folge einer Händigkeitsumschulung besteht. Im Interesse der betroffenen Kinder aber ist die Rückschulung auf die dominante Hand die sinnvollere Lösung.

Nicht die Symptome, sondern die Ursachen sind maßgebend! Ich bin überzeugt, dass es zu einem drastischen Absinken legasthenischer Probleme bei Kindern kommen wird, wenn die Hinweise auf Händigkeitsumschulung ernst genommen und betroffene Kinder somit frühzeitig rückgeschult werden.

Zur Klarstellung sei hinzugefügt: Nicht jedes Kind mit legasthenischen Problemen ist automatisch umgeschult linkshändig.

Die Ursache für Legasthenie ist immer noch nicht ausreichend geklärt. Wenn in einer Familie in verschiedenen Generationen mehrere Familienmitglieder mit Legasthenie zu kämpfen hatten, kann dies aber durchaus Folge generationsübergreifender Händigkeitsumschulungen sein. Legasthenie trifft rechts- und linkshändige Kinder. Aber viele Kinder sind infolge einer Händigkeitsumschulung betroffen und somit keine „echten“ Legastheniker. Echte Legasthenie ist nicht wirklich „heilbar“. Legasthenie infolge einer Händigkeitsumschulung jedoch ist im Zuge einer Rückschulung durchaus zu reduzieren und bei vielen Kindern auch ganz zu beheben.

Wissenswertes zur finanziellen Seite

Die Übernahme der Kosten einer Händigkeitstestung wird von den gesetzlichen Krankenkassen mehrheitlich abgelehnt, und zwar mit der Begründung, Händigkeit sei nichts Krankhaftes. Diese Aussage ist so korrekt – allerdings können die ***Folgen*** einer Umschulung durchaus krank machen. (Die therapeutische Behandlung der daraus resultierenden Beschwerden wird dann jedoch von den Krankenkassen bezahlt!) Somit hängt die Möglichkeit einer Händigkeitsüberprüfung derzeit leider noch ausschließlich vom elterlichen Geldbeutel ab.

Zu Recht bin ich schon häufig von Eltern gefragt worden: „Warum müssen wir diese Testung privat finanzieren, wenn doch die Lehrerin diesen Test empfohlen hat?“ Ja, warum eigentlich? *Chancengleichheit* ist hier zu fordern: Für Kindergartenkinder fällt die Überprüfung der Händigkeit eindeutig in den Bereich der Frühförderung, für Grundschulkinder sollte die Händigkeitstestung als gleichwertig mit der Legasthenietestung betrachtet und finanziert werden. *Denn das Vermeiden von Umschulung und das frühzeitige Erkennen umgeschulter linkshändiger Kinder ist eine wichtige Aufgabe aller.*

Ebenso wie legasthenische sind auch feinmotorische Probleme die am häufigsten anzutreffenden Merkmale bei umgeschulter Händigkeit. Als *feinmotorische Störung* ist insbesondere die Stifthaltung erwähnenswert. Auffallend viele umgeschulte linkshändige Kinder haben eine sehr verkrampfte Stifthaltung in der rechten Hand.

Während einer Händigkeitstestung (die Kinder sind, im günstigsten Fall, nicht über das Testziel informiert) malen sie, neben vielen anderen Aufgaben, jeweils einen Baum mit der rechten und danach einen mit der linken Hand. Wenn Kinder eine sehr ungünstige, verkrampfte Stifthaltung beim Malen mit der rechten Hand haben, zeigt sich häufig eine entspannte, korrekte Stifthaltung beim Malen mit der linken, ungeübten Hand.

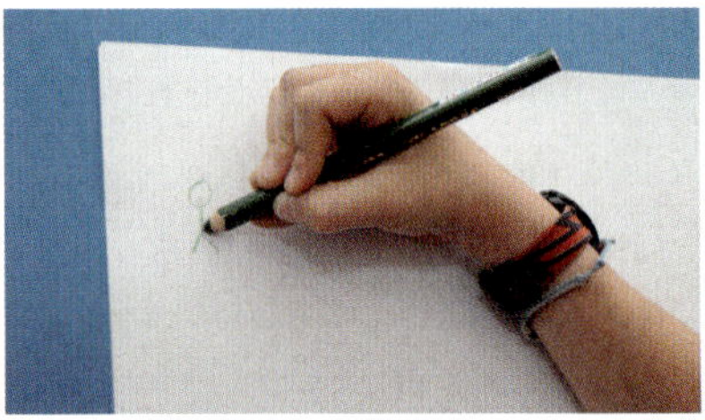

Rechtshändig malen sie mit verkrampfter Stifthaltung

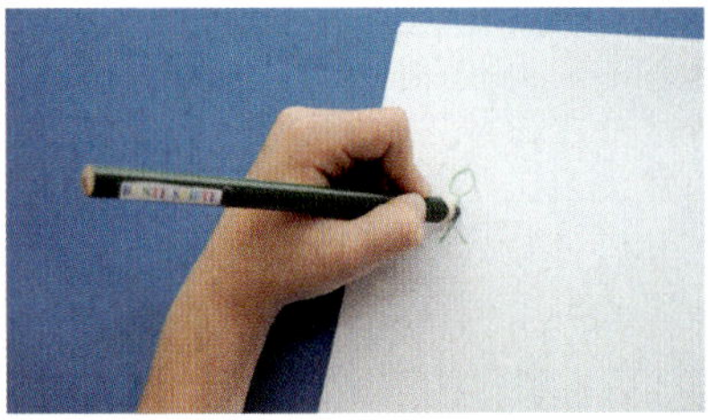

Linkshändig malen sie mit entspannter Stifthaltung

Sogenannte Feinmotorik-Therapien sind im Zusammenhang mit schreibauffälligen Kindern absolut kontraproduktiv. Gerade Mal- und Bastelunlust im Kindergartenalter, gefolgt von einer verkrampften Stifthaltung, sind die auffälligsten Anzeichen einer Händigkeitsumschulung. Ursachenforschung und wenn möglich Ursachenbeseitigung müssen vor reiner Symptombeseitigung stehen.

KAPITEL 3

Vorurteile gegenüber Linkshändigkeit

Auch heute noch existieren viele Vorurteile gegenüber linkshändigen Menschen. Eltern sind oft verunsichert, wenn sie feststellen, dass ihr Kind „links" ist, denn „links" ist anders. So, wie die Kinder meist nicht anders als ihre Eltern sein wollen, so wollen Eltern häufig auch nicht, dass ihr Kind anders ist; es soll nicht auffallen.

Veraltete Vorurteile:

- Linkshändigkeit ist eine Krankheit.
- Linkshänder sind ungeschickt.
- Linkshändigkeit ist eine schlechte Angewohnheit.
- Linkshänder stehen mit dem Teufel im Bund.

Aktuelle Vorurteile:

- Heute werden Linkshänder nicht mehr umgeschult.
- Wer mit links schreibt, verwischt das Geschriebene.
- Alle Linkshänder sind Genies.
- 90 Prozent der Menschen sind Rechtshänder.
- Linkshänder sterben früher.
- Linkshänder schreiben langsamer.
- Ein Kind findet immer von alleine zu seiner dominanten Hand.

Als ich während einer Händigkeitstestung eine (selbst linkshändige!) Mutter fragte, wie denn ihre eigenen Eltern händig seien, antwortete sie: „Ja, richtig herum!" – Eine andere Mutter entgegnete auf meine Ankündigung „Nun kommen wir zum Thema Händigkeit in ihrer Familie ..." fast empört: „Nein, so etwas gibt es bei uns nicht!" Solch eine heftige Reaktion würde man eher bei einem Menschen erwarten, der beispielsweise gefragt wurde, ob in seiner Familie Trunkenheit verbreitet sei. Diese Frau setzte das Wort „Händigkeit“ gleich mit dem Wort „Linkshändigkeit“ – und an ihrer heftigen Reaktion wurde ihre persönliche Bewertung dieser menschlichen Eigenschaft deutlich. Ich bin mir sicher, diese Frau würde die Frage „Haben Sie Vorurteile gegenüber Linkshändern?“ strikt verneinen. Vorurteile sind tief verwurzelt und den Betroffenen selbst nicht immer bewusst.

Das Besondere an Vorurteilen, in diesem Fall zum Thema Linkshändigkeit, ist deren hartnäckiges Fortbestehen, oft eigentlich wider besseres Wissen. Auch die folgende Frage wurde von einer Mutter *nach* der Händigkeitstestung ihrer sechsjährigen Tochter gestellt (– das Kind war eindeutig linkshändig): „Ja, soll ich ihr denn jetzt erlauben, falsch herum zu essen?“

Diese Beispiele aus meinem Arbeitsalltag, die übrigens keine Seltenheit sind, belegen eindeutig, dass Linkshändigkeit auch heute noch mit Vorurteilen behaftet ist. Jeder Einzelne von den Betroffenen würde dies jedoch abstreiten.

Immer wieder betonen Eltern, dass es in ihrer Familie keine Linkshänder gebe. Sie meinen damit allerdings, dass es keine Linksschreibenden gibt, denn nicht selten beobachte ich genau bei solchen Eltern, die sich selbst als hundertprozentig rechtshändig bezeichnen, viele Anzeichen einer Umschulung. Sie gestikulieren fast ausschließlich linkshändig, schrauben die Sprudelflasche linkshändig auf, schließen den Reißverschluss ihrer Jacke linkshändig, blättern linkshändig in einem Buch und nehmen ihr Geld linkshändig aus dem Portemonnaie …

Es gibt nicht die *eine* Handbewegung, die allein für sich Auskunft über die Händigkeit gibt, aber es gibt viele Bewegungsabläufe, die nicht von der Umwelt registriert und somit auch nicht gelenkt wurden und daher Aufschluss über die Händigkeit geben können. Die angeborene Händigkeit des Menschen ist unveränderbar, auch wenn er über viele Jahre die nicht dominante Hand zum Schreiben und Essen geschult hat. Daher kann man noch in jedem Alter mit einer Händigkeitstestung die echte Händigkeit eines Menschen feststellen.

Das wohl gängigste Vorurteil, Linkshänder seien ungeschickter als Rechtshänder, ist im Bewusstsein vieler tief verankert. Dass geschicktes Hantieren mit Werkzeugen jeglicher Art ein optimales Zusammenspiel der Hände voraussetzt, das ist vielen Menschen klar. Dass jedoch auch die Beschaffenheit des Werkzeugs selbst hierbei eine bedeutende Rolle spielt, das wissen viele nicht.

Würde man einen rechtshändigen Menschen nötigen, mit einer Linkshänderschere fein säuberlich eine Papierblume auszuschneiden, könnte er die besondere Bedeutung der Art der Werkzeuge erfahren. Werkzeuge (zum Beispiel Scheren), Küchengegenstände (etwa Dosenöffner, Korkenzieher, elektrische Brotschneidemaschinen, Kartoffelschäler) oder Bleistiftanspitzer – alle sind in der Regel für den rechtshändigen Gebrauch konstruiert. So, wie der rechte Schuh nur an den rechten Fuß passt, so gibt es viele Gegenstande, die ausschließlich für den Gebrauch der rechten Hand gemacht wurden.

Bedient nun ein Linkshänder diese Gerätschaften mit links oder arbeitet er gezwungenermaßen mit der rechten, nicht dominanten Hand, so ist gut verständlich, wie es zu dem Vorurteil kommt, Linkshänder seien ungeschickter. Nicht der Linkshänder ist ungeschickt (weil er linkshändig ist), sondern *das Werkzeug ist untauglich.* Hier wird Linkshändern vieles abverlangt – und zuweilen auch zu viel!

Es gibt eine Tätigkeit, die allen Menschen vertraut ist und die diese Problematik sogar im doppelten Sinn veranschaulicht: das Schneiden der eigenen Fingernägel. Will ein rechtshändiger Mensch die Fingernägel seiner rechten Hand schneiden, muss er dazu die Nagelschere in die linke Hand nehmen. Zum einen schneidet er nun mit der nicht dominanten Hand und zum anderen knicken die Nägel mehr ab, als dass sie geschnitten werden. Als Folge dessen *feilen* viele die Nägel ihrer rechten Hand noch zusätzlich glatt. Hier finden wir das klassische Problem aller Linkshänder vor:

Zum einen muss mit der nicht so geschickten Hand gearbeitet werden und zum anderen ist das Werkzeug für den Gebrauch der anderen Hand konzipiert und somit untauglich.

Abschließend kommen wir nun zu einem Vorurteil, das sich als Dauerbrenner in den Köpfen vieler festgesetzt hat:

„Heute werden Linkshänder doch gar nicht mehr umgeschult!"

Würde diese Annahme der Wahrheit entsprechen, dann gäbe es den Satz mit dem „schönen, guten, artigen Händchen" nicht. Gerade weil links grüßende Kinder mit solchen Sätzen verbessert werden, kommt es auch heute noch zu Umschulungen. Das Gleiche spielt sich dann bei Tisch, beim Umgang mit Messer und Gabel ab: „So isst man aber nicht!"

KAPITEL 4

Die Beeinflussung durch den Sprachgebrauch

Die Vorurteile gegenüber Linkshändern spiegeln sich mitunter sehr deutlich in unserem Sprachgebrauch wieder. Linkshändigkeit wird häufig mit „linkisch“ = „ungeschickt“ in Verbindung gebracht. Nur ein links Schreibender wird von anderen auf seine Händigkeit angesprochen, einem Rechtsschreibenden wird dies wohl nie passieren. Sätze wie dieser: „Dafür, dass Sie mit links schreiben, sieht das aber ganz gut aus ...“, sind gar nicht mal so selten. Würden Sie einen Rechtshänder auf seine Schreibhand ansprechen?

Bei den Einschulungsuntersuchungen angehender Schulkinder wird mancherorts ausschließlich auf die Linkshändigkeit eines Kindes hingewiesen und diese sogar schriftlich dokumentiert, während Rechtshändigkeit unerwähnt bleibt. Somit wird klar, dass also nicht die Händigkeit als solche (wertfrei) dokumentiert werden soll, sondern die Abweichung von einer angeblichen Norm.

Die in Kapitel 1 schon erwähnte Situation beim Händeschütteln ist ein deutliches Beispiel für die Lenkung des Handgebrauchs durch die Wahl der Worte. Wenn mit links grüßende Kinder von Erwachsenen mit Sätzen wie: „Gib das gute Händchen!“, oder: „Nein, das ist deine falsche Hand!“, korrigiert werden, wird die sprachliche Abwertung der linken Hand offenkundig. Noch im Jahre 2005 erklärte mir ein sechsjähriger Junge, die linke Hand sei die „Teufelshand“! Dem Kind wird also schon früh vermittelt, dass es zwei unterschiedlich wichtige/gute/schöne Hände hat. Diese sprachliche Unterscheidung wird von dem Kind auch schon sehr früh verstanden.

Kleine Kinder verstehen Sprache anfangs ausschließlich wörtlich, das heißt, sie glauben, dass das, was Erwachsene sagen,

von diesen wörtlich genauso gemeint ist. Aufgrund dieses wörtlichen Verstehens entstehen manchmal lustige Anekdoten, die Eltern über ihre Kinder erzählen. Beispiele:

Mutter: „Stell die Zahnpastatube bitte auf den Kopf!" – Prompt stellt das Kind die Tube auf *seinen* Kopf …

Der kleine Lars versucht, mit einem Fuß freihändig in einen Gummistiefel zu steigen, und stößt dabei jedes Mal den Gummistiefel um.

Vater: „Lars, nimm doch die Hand, das ist einfacher!" – Lars steckt daraufhin seine *Hand* in den Gummistiefel …

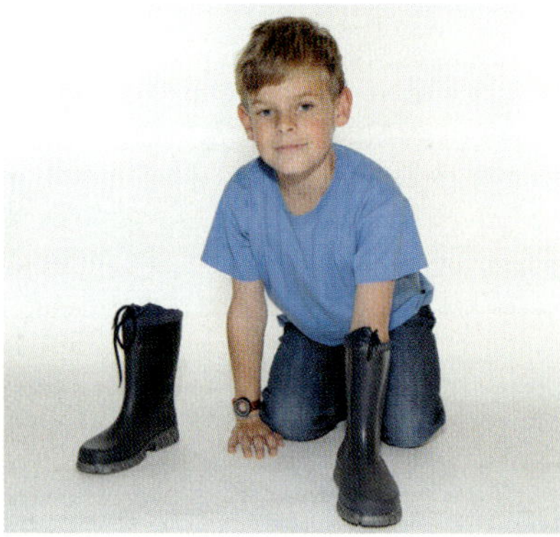

Wissenswertes

Dieses wörtliche Verstehen der Sprache ist unter anderem auch ein Grund dafür, dass kleine Kinder noch nicht in der Lage sind, Ironie zu verstehen, denn Ironie entsteht ja erst durch die absichtliche Unterscheidung von wörtlicher und wirklicher Bedeutung.
Wir sehen, dass die unbedachte sprachliche Gleichsetzung von „rechts" und „richtig" das Problem ist. Wenn rechts = schön, gut und richtig ist, heißt dies für das Kind im Umkehrschluss: links = hässlich, schlecht und falsch.

Sprache besitzt Macht, denn mit Sprache wird nicht nur beschrieben, sondern immer auch bewertet. Vielen Menschen ist dieser Zusammenhang nicht bewusst, denn häufig erhalte ich auf gezieltes Nachfragen zur Antwort: „Das habe ich doch gar nicht so gemeint."

Kleine Zitatensammlung von sprachlichen Formulierungen Erwachsener, die das „gar nicht so gemeint" haben:

„Mein Mann isst auch immer verkehrt herum." (Messer und Gabel)

„Das Schleifebinden konnte nur mein Mann ihr beibringen, weil er das auch immer falsch herum macht."

„Meine Tochter teilt beim Kartenspiel die Karten immer falsch herum aus."

So setzt sich das „rechts = richtig" und „links = falsch" fort. Der Einfluss unserer Sprache auf das kindliche Handeln wird mächtig unterschätzt.

Ich spreche hier absichtlich nicht von der sprachlichen Gleichsetzung von „links" und „linkisch" (= ungeschickt), die es übrigens in vielen Sprache gibt, sondern es geht mir hier um die unsachgemäße Gleichsetzung von „anders" und „falsch".

„Falsch" ist das Gegenteil von „richtig" und wird meist mit „schlecht" gleichgesetzt. Das Wort „falsch" stellt immer eine Bewertung dar.

„Anders" bedeutet „verschieden" oder „abweichend". In dem Wort „anders" steckt keine Wertung. Es handelt sich um eine neutrale sprachliche Einteilung ohne Bewertung. Wer von „anders" spricht, unterscheidet nicht automatisch zwischen nur zwei Handlungen oder Dingen, es können viele verschiedene wertneutrale Handlungen oder Dinge gemeint sein.

Die linke Hand kann immer nur die andere, aber niemals die falsche Hand sein!

Wer also ausschließlich die rechte Hand eines Kindes zur Begrüßung ergreifen möchte, sollte auch um die *rechte* Hand bitten und nicht um die „richtige" Hand!

Wer den Zusammenhang von Sprache und Beeinflussung erkannt hat, wird bei einer Begrüßung wohl nie mehr die „richtige Hand“ eines Kindes einfordern und im besten Fall andere davon abhalten, solche alten, unreflektierten Redewendungen weiterhin zu verwenden. Denn genau diese unüberlegten Formulierungen verhindern die neutrale Händigkeitsentwicklung der Kinder. Die Sprache gibt uns zwar die Worte vor, aber der Mensch sollte verantwortungsbewusster damit umgehen.

Auch die besondere Hervorhebung der Linkshändigkeit durch eindeutig bewertende Bezeichnungen macht es dem linkshändigen Kind nicht gerade einfach. Die Formulierung „zwei linke Hände haben“ beschreibt feinmotorische Unzulänglichkeiten. „Linkisch“ steht oft für „ungeschickt“, kann aber auch mit „hinterhältig“ in Verbindung gebracht werden („linker Typ“). Auch drückt die Redewendung „jemanden linken“ nicht gerade aus, dass man dem Betreffenden etwas Gutes tut.

So gibt es viele sprachliche Beispiele, die Linkshändigkeit mit etwas Negativem zusammenbringen. Wenn dann eine Mutter über ihre Tochter als „Linkshändertochter“ spricht, klingt das irgendwie gar nicht nett, oder? Regional verschieden, aber doch ähnlich gemeint sind Bezeichnungen wie: „Linkspfote, linke Flosse, Linksdatsch, Linksdotsch, linke Pood, Linkspatte, Linkspatsch“. Auch geistern Begriffe, wie „Verdrehter“, „Linkser“ oder „verkehrter Rechtshänder“ durch unsere Sprache. Solche nicht gerade positiv belegten Worte werden wohl immer in unserer Sprache vorkommen, aber es ist mir ein besonderes Anliegen, dass Sie bei der Wahl Ihrer Worte bewusster vorgehen.

Die Wirkung der Sprache sollte nicht unterschätzt werden.

Daher plädiere ich auch für die Bezeichnung „linkshändig“ statt „Linkshänder“. Wenn ich sage: „Mein Kind ist Linkshänder.“, dann scheint alles gesagt. Schublade zu! Wenn ich aber sage: „Mein Kind ist linkshändig …“, kann der Satz auch folgendermaßen weitergehen: „… und musisch begabt, sportlich, kreativ …“

KAPITEL 5

Die Händigkeitstestung und wann sie angezeigt ist

Eine Händigkeitstestung sollte nur von hierzu qualifizierten Fachkräften durchgeführt werden, die eine entsprechende Zusatzausbildung absolviert haben. Adressen und Informationen hierzu erfahren Sie bei der „Ersten deutschen Beratungs- und Informationsstelle für Linkshänder und umgeschulte Linkshänder" (vgl. im Internet unter www.lefthander-consulting.org oder telefonisch unter der deutschen Telefonnummer 089-268614). Eine Rückschulung darf niemals aufgrund einer unprofessionellen Händigkeitstestung durchgeführt werden – im Zweifelsfall ist es ratsam, eine Zweittestung durchführen zu lassen!

Der Handgebrauch eines Kindes zeigt sich schon recht frühzeitig mit den ersten Greifbewegungen. Eine Hand wird bevorzugt zum Greifen eingesetzt, die *andere* Hand dient mehr als Hilfs- oder Haltehand. Schätzungsweise drei Viertel aller Kinder finden ganz von alleine zum Gebrauch ihrer dominanten Hand; wenn ein Kind jedoch zu lange beide Hände gleichberechtigt einsetzt, kann dies ein Anzeichen für „irritierte Händigkeitsfindung" sein.

Wenn Kinder ausschließlich mit beiden Händen hantieren, halbiert das die Übungszeit der zukünftigen Schreibhand und es führt dazu, dass sie das Geübte ungenügend automatisieren! Kinder, die keine stark ausgeprägte Händigkeit zeigen, sind äußerst gefährdet, ihren Handgebrauch der Umgebung anzupassen.

Die Händigkeit eines Kindes sollte zwei Jahre, spätestens aber ein Jahr vor Schulbeginn eindeutig sein. Ist dies nicht der Fall, so ist eine Händigkeitstestung ratsam. Aber auch zu späteren Zeitpunkten ist eine Händigkeitsüberprüfung sinnvoll; immer dann, wenn Verdacht auf Umschulung besteht, sollte dem nachgegangen werden.

Ausdrücklich möchte ich hier keine Anleitung zur Händigkeitstestung geben, aber ich möchte trotzdem einige Bewegungsabläufe nennen, die bei linkshändigen und umgeschult linkshändigen Kindern auffällig häufig zu beobachten sind.

Grundsätzlich gibt es keine Bewegung, die für sich allein Auskunft über die Händigkeit gibt.

Viele verschiedene Gründe sind für unterschiedliches Agieren verantwortlich. Jedoch gibt es einige „Auffälligkeiten“, die – falls sie bei einem rechts schreibenden Kind beobachtet werden – **Anlass zum Überprüfen der Händigkeit** geben können:

- Umgeschult linkshändige Kinder drehen beim *Benutzen eines gewöhnlichen Anspitzers* (für Rechtshänder) mehr den Anspitzer in der linken Hand, als dass sie den Stift in der rechten Hand drehen. Manche Kinder drehen ausschließlich den Anspitzer mit der linken Hand auf dem Tisch, ohne die rechte Hand zu bewegen, andere bewegen beide Hände; dadurch bricht jedes Mal der angespitzte Stift wieder ab. Wird der Stift von der dominanten Hand (= aktive Hand) bewegt, hält die nicht dominante Hand (= Haltehand) den Anspitzer relativ ruhig fest. Soll der Stift aber mit der nicht dominanten Hand bewegt werden, wird die dominante Hand zumindest „mitarbeiten“.
- *Spontane Greifbewegungen* sind linkshändig, das heißt, das Kind sucht seine Buntstifte mit der linken Hand aus der Schachtel und wechselt den Stift dann in die rechte Hand.
- Linkshändige und umgeschult linkshändige Kinder *blättern die Seiten in einem Buch* meist mit der linken Hand.
- Auffallend häufig haben die umgeschulten Kinder eine *verkrampfte Stifthaltung.* Auch drücken diese Kinder viel zu stark mit dem Stift auf. (Vorsicht, es gibt auch die sogenann-

te Überkompensation, das heißt, das Kind strengt sich übermäßig an, um in Schönschrift schreiben zu können. Solche Überkompensationen führen dazu, dass Kinder unangemessen viel Energie und Zeit für die Erledigung ihrer schriftlichen Aufgaben aufwenden. Diese Kinder stehen ständig unter einem enorm hohen Druck.)

- Manchmal fragen linkshändige und umgeschulte linkshändige Kinder beim Schreiberwerb nach der Schreibrichtung oder *schreiben direkt von rechts nach links.*
- Beim Ablesen der Uhrzeit von einer digitalen Uhr kann die andere Blickrichtung der Kinder auffallen. (Blickrichtung nicht gleich, sondern *entgegengesetzt* der Lese- und Schreibrichtung)
- Linkshänder und umgeschulte Linkshänder bewegen beim Aufschrauben einer Flasche oder eines Schraubglases meist die linke Hand (unabhängig davon, welche Hand den Deckel hält).
- Mit Beginn des Erlernens der Schreibschrift treten die meisten Schwierigkeiten für umgeschulte linkshändige Kinder auf. Kinder, die einen guten Schulstart hatten, fallen plötzlich ab. *Der Knoten im Gehirn zieht sich langsam zu!*
- Umgeschulte linkshändige Kinder halten sich nicht an die vorgegebene Schreibrichtung beim Buchstaben- und Zahlenschreiben. Manchmal sieht es aus, als würden die Kinder einzelne Buchstaben oder Zahlen rückwärts malen.
- Das Kind *grüßt linkshändig.*
- Neulinge am Klavier fangen meist mit ihrer dominanten Hand an zu spielen.
- Viele linkshändige und umgeschult linkshändige Kinder halten eine Flöte meist spontan „falsch", das heißt, die linke Hand hält den unteren Teil der Flöte und die rechte Hand hält oben fest.

Diese „Auffälligkeiten" sind keine Testmerkmale!

Nochmals möchte ich dringend von Selbsttestungen abraten. Eine Umschulung wird als „massiver unblutiger Eingriff ins Gehirn“ bezeichnet und eine gut gemeinte Rückschulung auf die dominante Hand ist bei falscher Einschätzung der Händigkeit eine Körperverletzung!

Die angeführten Merkmale können dazu beitragen, frühzeitig eine scheinbare Rechtshändigkeit in Frage zu stellen. Die Überprüfung der Händigkeit nimmt mindestens zwei Stunden in Anspruch; auch wird ein ausführliches Anamnesegespräch geführt. Im Anschluss an die Testung wird die Möglichkeit einer Rückschulung besprochen und es werden weitere Schritte überlegt. Jede „Testung“, die diesen inhaltlichen und zeitlichen Rahmen deutlich unterschreitet, kann nicht zuverlässig sein. Informieren Sie sich über die tatsächlichen Qualifikationen der Testerin oder des Testers.

Wie schon erwähnt, ist das Überprüfen der Händigkeit immer noch eine Privatleistung, das heißt, Eltern müssen diese Kosten privat zahlen. Jenen Eltern, die hierzu finanziell nicht in der Lage sind, rate ich, bei Fördervereinen von Schulen, Kindergärten, kirchlichen Organisationen oder Stiftungen nachzufragen. Es gibt durchaus Träger, die gerne bereit sind, die Chancengleichheit der Kinder zu fördern.

Nur wenn Kinder ihre dominante Hand zum Schreiben benutzen, kann in diesem Zusammenhang von *Chancengleichheit* gesprochen werden. Während der Schulzeit, also neun bis zwölf Schuljahre lang, schreibt das Kind hauptsächlich handschriftlich. Da das Schreiben mit der nicht dominanten Hand ungefähr 30 Prozent zusätzlichen Energiebedarf für das Gehirn bedeutet, ist solch eine Form der „Energieverschwendung“ mit der allseits geforderten Chancengleichheit nicht zusammenzubringen.

Im Sinne dieser Tatsachen wäre eine Kostenübernahme der Schulämter nicht nur sinnvoll, sondern auch ratsam. Testungen zur Feststellung von Legasthenie müssen üblicherweise nicht von den Eltern privat finanziert werden – warum dann die Kosten für die Händigkeitstestung? Hier besteht Handlungsbedarf.

KAPITEL 6

Reaktionen von Kindern auf das Ergebnis der Händigkeitstestung

Aus meiner täglichen Arbeit dokumentiere ich Ihnen hier einige Beispiele, wie umgeschult linkshändige Kinder auf das Testergebnis reagieren, dass sie eigentlich linkshändig sind:

Oliver (11 Jahre) wirkte richtig befreit, als ich ihm das Ergebnis der Testung mitteilte.

Eine Mutter rief mich eine Woche nach der Testung an und berichtete über ihren siebenjährigen Sohn, dass dieser seit der Testung ganz erleichtert wirke.

Anna (6 Jahre) sagte nach dem Test spontan: „Jetzt darf ich endlich auch mit links!“

Hannah (7 Jahre) erzählte ihrer Mutter zwei Wochen nach dem Test: „Du, mit der linken Hand geht eigentlich alles auch viel einfacher!“

Torge (5 Jahre) kommentierte das Testergebnis: „Cool! Mit *der* Hand will ich ab jetzt nur noch malen.“

Eine Mutter rief mich einen Tag nach der Testung an und berichtete, ihre Tochter (6 Jahre) wirke wie ausgewechselt, viel fröhlicher und unbeschwerter!

Da die Kinder vereinbarungsgemäß nicht über den Grund ihres Besuchs bei mir informiert werden, sondern nur von einer Geschicklichkeitstestung wissen, gehen sie eigentlich ganz offen mit dem Testergebnis um. Häufig lächeln die Kinder und scheinen sich darüber zu freuen, etwas Neues entdeckt zu haben. Manche Kinder wirken richtiggehend erleichtert nach der Testung, manchmal so, als wäre ihnen eine große Last abgenommen.

Ich erkläre den Kindern, dass Menschen rechts- oder linkshändig geboren werden und niemand sich seine Händigkeit selbst aussuchen kann. Genauso, wie es Jungen und Mädchen gibt, so gibt es auch rothaarige und blonde, große und kleine und eben rechtshändige oder linkshändige Kinder. Und manchmal geschieht es eben, dass Kinder mit ihrer (rechten) Helferhand malen und schreiben lernen. Ich versuche, dem Kind mit einfachen Worten zu erklären, warum es besser ist, mit der „Chefhand" oder „starken Hand" zu malen und zu schreiben, nämlich mit seiner *linken* Hand. (Vielleicht finden Sie eine für Ihr Kind treffendere Bezeichnung.) Nur wer mit seiner wirklichen Schreibhand schreibt, kann seine Helferhand auch die Helferarbeit machen lassen: Das Festhalten des Blattes ist nämlich die *richtige* Aufgabe der (rechten) Helferhand!

Wichtig ist mir auch immer, zu erklären, dass das Kind selbst nichts falsch gemacht hat, dass diese Form der Umschulung oft vorkommt und dass es in der eigenen Familie sicherlich auch einige Erwachsene gibt, die als Kind mit ihrer Helferhand statt mit ihrer starken Hand das Schreiben erlernt haben.

Und weil das Lernen viel schwieriger ist, wenn man mit der Helferhand schreibt, versuche ich dem Kind den Sinn einer Rückschulung zu erklären. Ich frage die Kinder dann auch direkt, ob sie sich vorstellen können, das Schreiben noch einmal mit der starken Hand zu erlernen. In der Mehrzahl der Fälle wird diese Frage von den Kindern zustimmend beantwortet.

Aber es gibt auch ganz andere Reaktionen von Kindern auf das Testergebnis:

Jan-Ole (6 Jahre) versuchte absichtlich zu täuschen, wirkte aber erleichtert, als ich seine Linkshändigkeit erkannte. Als ich ihn fragte, warum er denn nicht mit seiner linken Hand arbeiten mochte, antwortete er: „Weil ich meine linke Hand hasse!"

Der achtjährige Brian weinte, nachdem ich ihm gesagt hatte, dass er linkshändig sei, und sagte: „Ich will aber nicht anders als Papa sein!"

Als ich dem elfjährigen Tim sagte: „Eigentlich bist du linkshändig", sagte er: „Nein, ich bin nicht linksrum!"

Der neunjährige Julian fing ebenfalls zu schluchzen an und sagte: „Alles mach ich falsch, jetzt hab ich sogar die ganze Zeit mit der falschen Hand geschrieben!"

Der siebenjährige Patrik wollte sich am liebsten die linke Hand abhacken. Als ich ihm sagte, dass seine Mutter erzählt habe, dass er früher linkshändig gemalt habe, antwortete er: „Da wusste ich ja noch nicht, was richtig war!"

Der sechsjährige Jan reagierte ganz verstört, schlug sich selbst auf die linke Hand und rief dabei: „Du bist böse, du bist böse!"

Solche Reaktionen machen deutlich, wie stark eben doch noch Vorurteile gegenüber der Linkshändigkeit in unserer Gesellschaft verankert sind. Kinder haben ein sehr feines Gespür für diese Vorbehalte und haben sie tief verinnerlicht. Solche „betroffenen" Kinder benötigen erst etwas Zeit, um die eigene Händigkeit zu akzeptieren. Die anwesenden Eltern sind meist entsetzt über die ablehnende Reaktion ihres Kindes. Wer sich entschließt, die Händigkeit seines Kindes überprüfen zu lassen, hat sich mit dem Thema schon etwas auseinandergesetzt und wird sicherlich keine oder zumindest wenige Vorurteile gegenüber der Linkshändigkeit haben.

Selten, aber doch einige Male, habe ich von wahren „Familiendramen" erfahren, die sich aufgrund des Testergebnisses ereignet haben. Wenn ein Elternteil die Linkshändigkeit des Kindes nicht akzeptieren möchte, der andere Elternteil dies aber durchaus einsieht, kann es in der Familie zu großen Spannungen kommen. Häufig ist der Elternteil, der die Linkshändigkeit des eigenen Kindes vehement ablehnt, selbst umgeschult und kann oder will dies nicht erkennen.

KAPITEL 7

Was ist eine Rückschulung?

Die Rückschulung auf die dominante Hand bedeutet, dass ein umgeschult linkshändiges Kind (Rückschulung bei Erwachsenen ist ein etwas anderes Thema) lernt, mit seiner dominanten Hand zu malen und zu schreiben.

Natürlich ist bei einem umgeschulten linkshändigen Grundschulkind die rechte Hand die geübtere – das heißt aber nicht, dass dies ein Leben lang so bleiben muss. Die Rückschulung ist ein Prozess, der ohne die Unterstützung von Eltern, Erziehenden und Lehrenden nicht erfolgreich sein kann.

Aber auch die Rückschulung stellt einen erneuten „Eingriff" in das Gehirn dar; häufig ist ein verändertes Verhalten der Kinder schon während der Rückschulung zu beobachten. Die Eltern berichten von schnellerer Ermüdbarkeit der Kinder und manche Kinder führen von selbst wieder einen Mittagsschlaf ein.

Andere Kinder „blühen" schon während der Rückschulung richtiggehend auf. Der Vater einer achtjährigen „Rückschülerin" berichtete mir am Telefon, dass sogar erwachsene Freunde der Familie die Veränderung des Kindes positiv bemerkt hätten. Auch wurde das Mädchen zum ersten Mal auf einen Kindergeburtstag einer Mitschülerin eingeladen und allen fiel das offene Wesen des Kindes auf. Die Testung lag bei diesem Telefonat etwa acht Wochen zurück. Manchmal berichten Eltern auch von einer Erleichterung, die das Kind nun ausstrahlt. Eine Großmutter berichtete über ihren neunjährigen Enkel, sechs Wochen nach der Testung: „Er ist wieder selbstbewusster, so, wie er früher einmal war, bevor er in die Schule kam." – Eine andere Mutter sagte vier Wochen nach der Testung über ihre fünfjährige Tochter: „Sie ist ganz begeistert!" – Die Mutter eines achtjährigen Rückschülers sagte über ihren Sohn: „Zum einen ist er viel schmusiger geworden, kommt noch mal gern zum Kuscheln, aber andererseits kann er auch ganz schön wütend werden."

Die Veränderungen im Verhalten der Kinder während der Rückschulungen sind leider nicht immer nur positiv, es kann anfänglich auch zur Verstärkung von Problemen kommen: Die Unkonzentriertheit nimmt zu oder das Kind stottert vermehrt, die Rechts-links-Unsicherheit wird stärker, Buchstaben werden vermehrt spiegelverkehrt geschrieben – all dies zeigt aber an, dass sich etwas bewegt! Die Rückschulung ist, wie bereits erwähnt, ebenso wie die Umschulung ein Eingriff ins Gehirn. Man kann eine Rückschulung auch sehr gut mit einer homöopathischen Behandlung vergleichen: Anfangs kann es durchaus zu einer Verschlechterung der vorhandenen Schwierigkeiten kommen.

Um Kindern den Sinn und Zweck der Rückschulung zu erklären, greife ich gern auf anschauliche Bilder zurück. Da linkshändige Kinder bevorzugt bildhaft denken, verstehen sie schnell, was ich ihnen damit erklären möchte. Hier ein paar Beispiele:

- „Wenn ein Bergsteiger oben auf dem Gipfel bemerkt, dass er den falschen Berg bestiegen hat, muss er erst von diesem einen Berg herunterklettern, um dann den richtigen Berg besteigen zu können.“
- „Wenn du einen Splitter im Finger hast, tut der weh. Wenn ich nun mit einer Pinzette komme und dir diesen Splitter herausziehe, tut das auch erst noch einmal weh, aber dann hört der Schmerz endlich auf.“
- „Wenn du mit Freunden um die Wette laufen möchtest, sollten alle die gleichen Bedingungen haben, das heißt, keinem sollten heimlich schwere unsichtbare Gewichte an die Beine gebunden werden. Und wenn einer doch solche Gewichte findet, sollte er anhalten und diese ablegen, erst dann ist das Rennen fair und macht Spaß.“

Bei Kindern, die einen sehr starken Vorbehalt gegenüber ihrer Linkshändigkeit haben, ist ein Abbau der Vorurteile gegenüber der Linkshändigkeit Voraussetzung für eine Erfolg versprechende Rückschulung – und hier sind in erster Linie Sie als Eltern (und Pädagogen) gefordert. Holen Sie sich hierzu jegliche

Unterstützung, die Sie erhalten können: im Kindergarten, in der Schule, in der Musikschule und im Sportverein.

Letztendlich ist das Ziel einer Rückschulung, dem Kind einen „barrierefreien Zugang“ zu seinem Gehirn zu verschaffen. Die Rückschulung sollte im idealen Fall der Energieverschwendung im Gehirn ein Ende bereiten und somit zu der Möglichkeit einer hundertprozentigen Nutzung des Gehirns beitragen; denn durch die Umschulung wird das Gehirn in seiner Arbeitsweise unnötig „gebremst“ bzw. es muss ständig zusätzliche Anstrengungen leisten.

Die Rückschulung ist der Versuch, eine effektivere Gehirnnutzung zu ermöglichen.

Die Erfolgsquote bei den rückschulenden Kindergarten- und Grundschulkindern ist sehr hoch. Viele Lernschwierigkeiten werden deutlich vermindert, teilweise sogar neutralisiert. Da die Kinder selbst die positiven Veränderungen der Rückschulung an sich bemerken, wirkt dieses Erfolgserlebnis stark motivierend auf sie.

KAPITEL 8

Warum die Rückschulung für Kindergarten- und Grundschulkinder so wichtig ist

Zur Reduzierung der in Kapitel 2 aufgeführten Umschulungsfolgen ist es unabdingbar, deren Ursache zu beheben. Die Folgen einer Händigkeitsumschulung wirken sich immer kontraproduktiv aus, da sie unnötige Hindernisse auf dem Weg des Bildungserwerbs darstellen. Eine Rückschulung trägt entscheidend dazu bei, auch in diesem Bereich Chancengleichheit herzustellen. Solange aber noch geschätzte 25 Prozent der Schülerinnen und Schüler mit ihren nicht dominanten Händen schreiben, kann von gleichen Voraussetzungen beim Wissenserwerb nicht gesprochen werden.

Nur wenn der Mensch mit seiner dominanten Hand schreibt, kann er sämtliche ihm zur Verfügung stehenden Ressourcen zum Denken und Lernen nutzen. Um mit den Klassenkameraden mithalten und alle Fähigkeiten frei entfalten zu können, brauchen Kinder einen „freien Kopf". Natürlich gibt es dann immer noch Kinder, die – bedingt durch andere Gründe – Unterstützung zum Lernen benötigen. Mit der dominanten Hand schreiben heißt nicht automatisch, dass die Kinder beim Lernen keine Schwierigkeiten mehr haben – leider nicht, denn es lassen sich nicht alle Lernschwierigkeiten mit einer Händigkeitsumschulung erklären. Aber *diese eine* große Hürde kann man vielen Kindern nehmen. Um es mit einem Bild zu sagen:

Eine 20-Kilometer-Wanderung ist für ein Grundschulkind gut zu bewältigen, aber mit einem 6 Kilo schweren Rucksack ist solch eine Wanderung doch schon wesentlich anstrengender.

Da die Händigkeitsumschulung häufig Ursache für legasthenische Schwierigkeiten ist, kann auch nur eine Rückschulung zur Verminderung dieser Schwierigkeiten führen. Viele Kinder bemerken schon während der Rückschulung eine deutliche Reduzierung der Anzahl ihrer Schreibfehler.

Der „echte Legastheniker“ weiß nicht, wie das Wort geschrieben wird. Der „umgeschulte“ weiß das sehr wohl, aber er hat nicht genug Energie, darüber nachzudenken, weil sein Gehirn diese Energie dazu benötigt, mit der nicht dominanten Gehirnhälfte die nicht dominante Hand beim Schreiben zu steuern. Doch auch hier muss vor Verallgemeinerung gewarnt werden: Nicht alle Legastheniker sind umgeschulte Linkshänder.

Wenn Eltern über die legasthenischen Probleme ihrer Kinder berichten, und dabei betonen, dass diese die Wörter sehr wohl fehlerfrei buchstabieren, aber eben nicht fehlerfrei aufschreiben können, ist eine Händigkeitstestung dringend angeraten.

Es gibt auch Kinder, die als Folge der Händigkeitsumschulung ein enormes Leistungsbewusstsein entwickeln. Solche Kinder sind, zum Erstaunen der Eltern, meistens mit dem Ergebnis ihrer Leistung nicht zufrieden. Kinder von diesem selbst auferlegten Druck zu befreien ist schon für sich allein Grund genug für eine Rückschulung. Mich haben schon oft Anrufe von Eltern erreicht, die sehr bewegt über genau dieses Phänomen berichteten: „Er ist wie ausgewechselt!“ – „Sie ist viel freier!“ Oder auch: „Jetzt fällt uns erst auf, wie stark der Druck war, unter dem unser Kind stand!“ – „Als hätte man die Luft aus einem Dampfkopftopf gelassen!“ – „Sie wirkt viel fröhlicher!“

Je jünger ein Kind ist, desto schneller und problemloser verläuft die Rückschulung.

Daher ist die Förderung linkshändiger Kindergartenkinder so wichtig. Wenn sie sich schon als Kindergartenkinder ihrer Linkshändigkeit bewusst sind und wenn dieses linkshändige Agieren von der Familie und vom Kindergarten unterstützt wird, geraten die Kinder weniger in Gefahr, sich selbst umzuschulen, und eine Umschulung von außen kann verhindert werden.

Die Rückschulung bei Kindergartenkindern bezieht sich im Wesentlichen auf das Hantieren mit Stiften, Pinsel, Schere, Besteck und Werkzeug und ist folglich von kurzer Dauer. Eine Rückschulung bei Grundschulkindern bezieht sich hauptsächlich auf das Schreiben und dauert daher etwas länger. Da Grundschulkinder aber schon ein relativ gutes Körperbewusstsein haben, bemerken sie selbst schnell die Vorteile der Rückschulung: „Mama, guck mal, ich habe heute schon viel weniger Fehler im Diktat!“ – „Papa, schau mal, nur zwei Fehler im Mathetest!“

Anerkennung und Motivation sind für rückschulende Kinder besonders wichtig. Eine Rückschulung ist eine „besondere Leistung“, die auch gebührend Beachtung finden muss, damit das Kind den zeitweise mühsamen Weg durchhält. Geduld und Unterstützung durch Eltern, Familie, Kindergarten oder Schule sind Voraussetzungen für eine erfolgreich verlaufende Rückschulung.

KAPITEL 9

Warum Rückschulung in der Pubertät nicht ratsam ist und wie Jugendlichen trotzdem geholfen werden kann

„Wegen Umbau geschlossen!"

Die Pubertät ist nicht nur eine durch Geschlechtshormone gesteuerte körperliche Entwicklungsphase, sondern auch eine wichtige Phase der Gehirnumstrukturierung. Bezeichnenderweise wird die Pubertät auch oft mit dem saloppen Ausdruck „Großbaustelle Gehirn" beschrieben.

Nicht die Anzahl der Nervenzellen verändert sich während dieser sensiblen Phase, *sondern die Menge der Verknüpfungen* zwischen den Nervenzellen. Häufig genutzte Verknüpfungen bleiben erhalten und die betroffenen Nerven werden mit einer schützenden Isolationsschicht (Myelin) umhüllt; andere, weniger genutzte Verknüpfungen werden abgebaut und gehen verloren, nach dem Prinzip „Use it or loose it". Die Anzahl der neuronalen Verbindungen wird zwar geringer, deren Verarbeitungsgeschwindigkeit wird jedoch deutlich erhöht. Man spricht auch vom „großen Ausmisten im Kopf". Aus ein paar wenigen Landstraßen wird ein komplexes Autobahnnetz, ein echter „Daten-Highway". Da das Gehirn zu sehr mit sich selbst beschäftigt ist, kann während dieser Umbauphase wenig neues Wissen abgespeichert werden.

Bis vor wenigen Jahren gingen die Gehirnforscher davon aus, dass die Gehirnentwicklung von Heranwachsenden weitestgehend abgeschlossen sei. Durch technische Fortschritte (Kernspintomografie) konnte jedoch nachgewiesen werden, dass das Gehirn lebenslang auf neue Impulse reagiert und sich dementsprechend stetig neu strukturiert.

Das erwachsene menschliche Gehirn ist lebenslang lernfähig und „zum großen Erstaunen der Hirnforscher lässt sich ... (durch besondere Rehabilitationsmaßnahmen) eine bisher unvorstellbare Neuverschaltung im Gehirn“ erreichen. (Gerald Hüther in: *Bedienungsanleitung für ein menschliches Gehirn*, S. 84) Es wird in diesem Zusammenhang auch von einer „nutzungsabhängigen Veränderbarkeit des menschlichen Gehirns“ gesprochen (ebenda, Seite 84): „Wir Menschen haben ein Gehirn, das sich erst durch die Art seiner Benutzung gewissermaßen selbst programmiert.“ (Ebenda)

Somit kann der Satz: „Was Hänschen nicht lernt, lernt Hans nimmer mehr!“, heute klar widerlegt werden.

Ganz besonders gravierende Umbauschritte finden jedoch in den Jahren zwischen dem 11. und dem 18. Geburtstag statt. Die amerikanische Wissenschaftsjournalistin Barbara Strauch bietet in ihrem Buch *Warum sie so seltsam sind. Gehirnentwicklung bei Teenagern* einen ebenso klaren wie fundierten und zusätzlich sehr unterhaltsamen Einblick in diese Entwicklung. Leider sind diese neurologischen Erkenntnisse immer noch nicht in die Bildungspläne der deutschen Schulen eingegangen, sonst wären die Unterrichtsinhalte in dieser entscheidenden Phase der Gehirnumstrukturierung überwiegend praxisbezogen ausgerichtet.

Da eine Rückschulung, ähnlich einer Umschulung, einen Eingriff in das Gehirn darstellt, wird von vielen Fachleuten dazu geraten, nicht zeitgleich mit der Phase der Pubertät rückzuschulen, da das Gehirn in dieser Zeit stark ausgelastet ist. *Das Risiko einer Verschlimmerung der Umschulungsfolgen wäre dann deutlich größer als der zu erwartende Nutzen einer Rückschulung.*

Die „Großbaustelle Gehirn“ gilt es also eher zu umfahren, als sie anzusteuern. Umgeschulten Jugendlichen versuche ich die Situation mit folgendem Bild zu erklären:

„Stell dir vor, deine Eltern wollten das Wohnzimmer neu streichen und würden deshalb die ganzen Wohnzimmermöbel in deinem Zimmer unterstellen. Wenn dir nun just in dieser Renovierungszeit einfällt, auch dein Zimmer neu zu streichen, ist das eine gute Idee, aber kein guter Zeitpunkt. Falls du in diesem Durcheinander deine Wände mit Farbe anstreichen würdest, hättest du zu wenig Platz, um alles ausreichend mit Folie zu bedecken – es gäbe viele Flecken und das anschließende Saubermachen würde viel zu viel Zeit und Mühe kosten. Besser ist es, zu warten, bis das Wohnzimmer fertig gestrichen ist und die Wohnzimmermöbel wieder aus deinem Zimmer getragen sind, um dann in deinem Zimmer Platz zum Streichen zu schaffen." Also, alles der Reihe nach!

Dies soll aber nicht heißen, dass einem umgeschulten linkshändigen Jugendlichen nicht geholfen werden kann! Allein das Wissen um die eigene Händigkeitsumschulung und den Zusammenhang mit bestehenden Schwierigkeiten (siehe Kapitel 2) ist für viele schon sehr hilfreich, denn dieses Wissen stärkt die Jugendlichen in ihrer Persönlichkeit. Minderwertigkeitskomplexe sind sehr häufig auftretende Sekundärfolgen einer Händigkeitsumschulung und können allein durch entsprechende Informationen reduziert oder gar abgebaut werden. *Ursache und Folge sind hier zu trennen:* Die Schwierigkeiten sind Umschulungsfolgen und nicht in der Person des Betroffenen zu suchen!

Die Pubertät ist an sich schon eine schwierige Zeit für die Heranwachsenden – umgeschulte Pubertierende haben eine *besondere Last* zu tragen. Auch hier arbeite ich gern wieder mit Bildern: Stellen Sie sich einen Jugendlichen vor, der seinen Rucksack mit viel zu langen Gurten trägt …

Wir können den Rucksack nicht einfach abnehmen, aber wir können helfen, die Gurte fester zu ziehen; denn wird der Rucksack näher am Rücken getragen, dann fällt das Tragen leichter.

Die in Kapitel 11 beschriebenen Schwungübungen können dem überlasteten Gehirn eine enorme Entlastung ermöglichen. Täglich 5 Minuten Schwungübungen, entweder vor den Hausaufgaben oder (an Tagen mit angekündigten Arbeiten) noch *vor* der

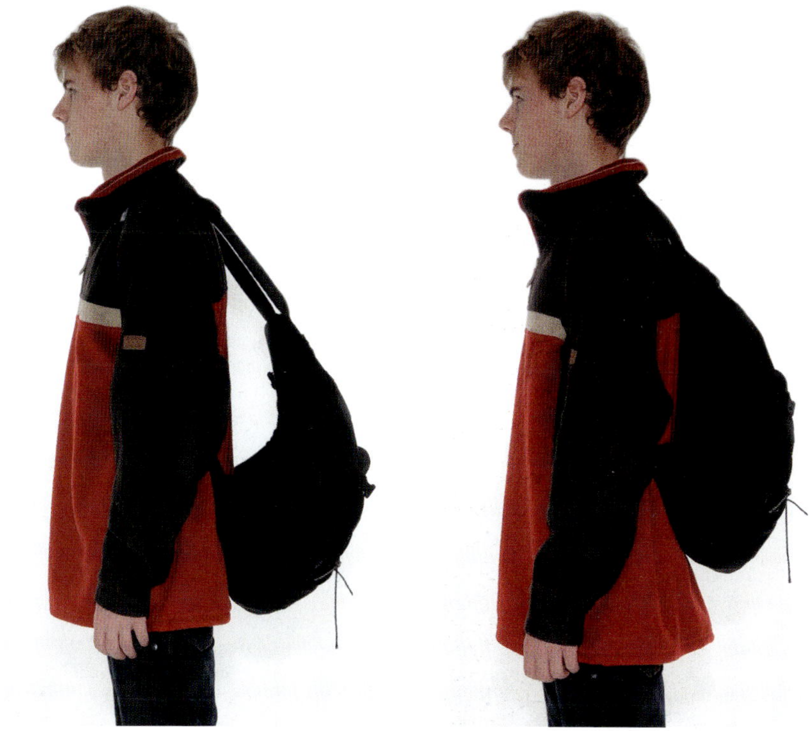

Schule erledigt, verhelfen zu einer deutlich besseren Zusammenarbeit beider Gehirnhälften und führen damit zu verbesserter Konzentrationsfähigkeit.

Auch wenn der umgeschulte Jugendliche nicht die Tätigkeit des Schreibens rückschulen sollte, kann durchaus mit der linken Hand gezeichnet (auch gemalt) werden. Ausdrücklich ist dies sogar wünschenswert, da diese Bewegungen dem Gehirn einen gewissen Ausgleich verschaffen.

Die Bedienung der Computermaus zum Beispiel kann (und sollte) ganz auf die linke Hand umgestellt werden (siehe Kapitel 11). Der Computer wandelt sich mit zunehmendem Alter vom Spielzeug zum Arbeitsplatz. Viele Erwachsene tätigen ihre gesamte Korrespondenz ausschließlich über den Computer, mit der Hand wird immer weniger geschrieben, die Benutzung der Computermaus gewinnt somit immer mehr an Bedeutung.

Nachbemerkung

Schult sich ein Jugendlicher trotz der eben genannten Empfehlungen selbst auf die linke Hand zurück, ist Unterstützung dabei effektiver, als wenn er sich ganz alleine und ohne Unterstützung rückschult.

Wir wissen bisher zu wenig um die Auswirkungen von Rückschulung während der Pubertät; daher ist die Empfehlung, die Pubertät abzuwarten, als eine Vorsichtsmaßnahme zu sehen, aber nicht als unveränderbares Dogma.

KAPITEL 10

Die einzelnen Schritte der Rückschulung

Im Folgenden werden bewährte Zeitabläufe einer Rückschulung aufgeführt. Diese sind natürlich nur Orientierungspunkte. Manche Kinder möchten gerne mehr als eine halbe Seite „nachspuren“, anderen fällt diese halbe Seite anfangs sehr schwer, sodass man im Einzelfall Kinder etwas mehr oder etwas weniger arbeiten lässt. Auch gibt es von Kind zu Kind Unterschiede in der Bereitschaft, die linke Hand zum Schreiben einzusetzen oder es wenigstens einmal zu versuchen. Daher sollten die folgenden Zeitabläufe als Vorschläge gesehen werden, die natürlich flexibel gehandhabt werden können.

Bewährte Schrittfolge einer Rückschulung

Faustregel: 10–15 Minuten Zeitaufwand täglich – an 5 Tagen in der Woche

1. In den ersten 3 Wochen macht das Kind täglich 5 Minuten **Schwungübungen**, die es abwechselnd mit Namen oder Datum signiert.
2. Als Nächstes sollte das Kind zusätzlich zu den Schwungübungen eine halbe Seite **„nachspuren“**. Dies bedeutet, es übt sich im Nachzeichnen der vorgezeichneten Muster aus dem *Übungsheft für Linkshänder* von J. B. Sattler. Die Kopiervorlagen können individuell für das Kind kopiert werden – also nur jene Seiten kopieren, die dem Kind gefallen.

Nach circa 4 Wochen kann man zum nächsten Arbeitsschritt übergehen.

3. Täglich 5 Minuten Schwungübungen, die nun abwechselnd mit Name, Datum oder Wochentag signiert werden, weiterhin eine halbe Seite nachspuren und dazu nun üben, **Zahlen** zu **schreiben**. Die Dauer dieser Phase ist individuell. Vorschlag: 2–3 Wochen. Es gibt auch Kinder, die schon *mehr* mit links schreiben möchten. Das dürfen sie natürlich.
4. Als Nächstes wird zu den oben genannten Aufgaben nun schon ein Teil der **Mathematik-Hausaufgaben** mit der linken Hand geschrieben.
   Nach 4–5 Wochen zur nächsten Phase übergehen.
5. Die Schwungübungen können auf 3–4 Minuten reduziert werden und nun wird schrittweise gezielt das **Schreiben mit links** geübt:

- Einen Teil der Hausaufgaben mit links schreiben, oder:
- Mindestens 5 Zeilen mit links schreiben
- Die Mathematikaufgaben ausschließlich mit der linken Hand schreiben
- Im Mathematikunterricht versuchen, mit links zu schreiben
- Auch in anderen Fächern versuchen, mit links zu schreiben
- In Schulferien bietet es sich an, das Kind Listen schreiben zu

lassen. Beispiele: 3 Lieblingsgerichte sowie 3 Mahlzeiten, die es gar nicht essen mag (die „Was-ich-nicht-mag-Liste"), 5 Fußballer, 5 Freunde/innen, Tiere, Länder, die es gerne einmal bereisen möchte.
Nach 6–7 Wochen zur nächsten Phase übergehen.

6. Täglich 3–4 Minuten Schwungübungen und ab nun **schrittweise alle Schreibaufgaben auf links umstellen**.
   Nach weiteren 4–6 Wochen ausschließlich mit links schreiben.

Die Schwungübungen sollten ausdrücklich *vor* den Hausaufgaben gemacht werden, denn sie wirken als unmittelbare Entlastung für das Gehirn und tragen somit direkt zum besseren Lernerfolg bei. Schreibt das Kind eine angekündigte Arbeit oder einen Test, ist es sinnvoll die Schwungübungen an diesem Tag vor der Schule zu machen.

Die Nachspurübungen sollen spielerisch zu einer entspannten Stifthaltung verhelfen und gleichzeitig das Einüben der richtigen Blattlage erleichtern.

Versuchen Sie, *Schreibanlässe* zu schaffen. (Aus diesem Grund habe ich das Signieren der Arbeitsblätter empfohlen.) Sie können Ihr Kind auch bitten, etwas auf dem Einkaufszettel zu notieren oder Oma und Opa, einem Freund, einer Freundin eine Karte zu schicken.

Die Rückschulung ist – wie gesagt – ebenso wie die Umschulung ein Eingriff ins Gehirn und muss behutsam erfolgen. Die Schwungübungen sind hierbei außerordentlich wichtig! (Auch ein Fußballspieler muss vor dem Spiel erst seine Muskeln erwärmen, sonst droht Verletzungsgefahr!) Schwungübungen sind sozusagen Stretching fürs Gehirn und verhelfen zu einer verbesserten Zusammenarbeit beider Gehirnhälften. Schwungübungen sind damit das A und O einer Erfolg versprechenden Rückschulung!

Um für das Kind den Leistungsdruck der Rückschulung zu mindern, gibt es die Möglichkeit, einen Antrag auf Nachteilsausgleich zu stellen. In den Bundesländern Hessen und Schleswig-Holstein ist im Gesetzestext explizit nachzulesen, dass auch bei „vorübergehender Funktionsbeeinträchtigung (z. B. bei Armbruch) ein Nachteilsausgleich zu gewähren ist" (www.schulrecht-sh.de). Somit hat jedes Kind einen gesetzlichen Anspruch darauf, während der Rückschulung ausnahmsweise nur oder vorwiegend mit mündlichen Leistungen bewertet und durch Bereitstellung zusätzlicher Arbeitszeit vor Benachteiligung geschützt zu werden. Auch ein Computereinsatz ist denkbar.

Unser Gesetz sieht also vor, dass ein Nachteilsausgleich jedem Kind mit vorübergehender Funktionsbeeinträchtigung zusteht. Dieser Anspruch ist übrigens laut Gesetz nicht antragsgebunden! Allerdings ist davon auszugehen, dass niemand bei gesundem Menschenverstand von einem rückschulenden Kind die gleiche Schreibgeschwindigkeit erwartet wie von anderen Kindern.

Die Schritte einer Rückschulung sind natürlich individuell anzuwenden: Rückschulende Erstklässler können wesentlich schneller die Arbeitsblätter des jeweiligen Unterrichts verwenden, für sie verläuft die Rückschulung nicht nur viel schneller, sondern auch viel einfacher. Kinder, die schon flüssig mit der rechten Hand zu schreiben gelernt haben, müssen bei dieser Rückschulung wesentlich mehr leisten, aber genau diese Kinder merken selbst sehr schnell, wie entlastend das Schreiben mit der linken Hand wirkt. Regelmäßige Pausen zur Erholung sind für eine erfolgreiche Rückschulung von enormer Bedeutung. (Sport, Spiel, Musizieren …)

Beachten Sie bitte immer, dass die Rückschulung niemals zu schnell durchgeführt werden sollte, dass aber die Phase des beidhändigen Schreibens auch nicht zu lange dauern sollte. Erfahrungsgemäß dauert die Rückschulung bei Grundschulkindern zwischen vier und neun Monaten. Je geringer die Schreibanforderung an das Kind ist, desto schneller kann sich das Kind umstellen; dies bedeutet, dass ein Schreibanfänger deutlich schneller rückschulen kann als ein Drittklässler.

In Deutschland gibt es mittlerweile mehr als 300 zertifizierte Linkshänderberaterinnen (Stand 2010 / nähere Auskunft über www.lefthander-consulting.org) und viele andere in diesem Bereich Weitergebildete, die Schreibkurse für linkshändige Kinder anbieten. Häufig werden solche Kurse über Volkshochschulen angeboten. Für Rückschulende, aber auch für „nur" linkshändige Kinder sind diese Kurse sehr hilfreich. Auch Eltern lernen in solchen Kursen, worauf sie beim linkshändigen Schreiben ihrer Sprösslinge achten sollten und warum.

Wissenswertes

Schon 1964 hat der Leiter des Lehrstuhls für Sonderpädagogik an der Karls-Universität zu Prag, Prof. Dr. Milos Sovak, in dem Kapitel „Methodik der Rückkehr zum linkshändigen Schreiben bei bereits früher umerzogenen Linkshändern" seines Buches *Pädagogische Probleme der Lateralität* die Schritte einer Rückschulung ausführlich beschrieben:

„Bei dem Schüler ist das Herbeiführen einer positiven Einstellung zum linkshändigen Schreiben Grundvoraussetzung für den möglichen Erfolg." (Sovak, S. 348)

„Die Hausübungen im linkshändigen Schreiben werden zwar täglich durchgeführt, aber nicht allzu lange. Es genügen 10–15 Minuten. Sobald das Interesse wach ist, kann man die Übungszeit verlängern. Niemals jedoch darf man so lange üben, bis der Schüler des Schreibens überdrüssig ist." (Sovak, S. 350)

KAPITEL 11

Schwungübungen – ihr Ablauf und ihr Nutzen

Schwungübungen aktivieren die dominante Gehirnhälfte und verhelfen somit zu einer verbesserten Zusammenarbeit beider Gehirnhälften. Sportlich aktiven Kindern kann man die Übung auch als „Warmlaufen“ erklären. Benötigt werden hierzu:

- ein großer Zeichenblock
- verschiedenfarbige Wachsmalblöcke oder kurze Reste von Wachsmalstiften
- eventuell ein Küchenwecker

Anleitung: Einen Wachsmalblock mit den drei Schreibfingern der linken Hand halten und frei aus dem Arm heraus das Blatt kreisförmig mit Schlaufen bemalen. Die Anzahl der Schlaufen kann frei gewählt werden. Um Kinder, die sehr schnell malen, etwas zu bremsen, bietet sich an, sie sechs bis acht Schlaufen malen zu lassen. Kindern mit normalem Tempo genügen meist vier Schlaufen. Der Zeichenblock wird mit der rechten Hand festgehalten, die ich in diesem Zusammenhang gern als Halte- oder Helferhand bezeichne.

Das Fixieren des Papiers, also das Festhalten, ist die Hauptaufgabe der rechten Hand beim Schreiben und Malen. Im Gegensatz zum rechtshändigen Schreiben (Stift zieht) wird beim linkshändigen Schreiben der Stift geschoben und folglich verschiebt sich das Papier meistens mit, wenn man es nicht festhält. Der kleine Finger und auch der Ringfinger der linken Hand werden hierbei eng in der Handinnenfläche angelegt. Nur Zeigefinger, Mittelfinger und Daumen halten den Wachsmalblock.

Da weder Hand noch Unterarm auf dem Papier aufliegt, erfolgt die Bewegung ganz aus Schulter, Ober- und Unterarm. Um diese Übung entspannt ausführen zu können, wird der Zeichenblock zur linken Körperseite gelegt.

Gerne sage ich an dieser Stelle: „Da die Bewegung mit dem linken Arm erzeugt wird (und nicht aus Stirn oder Nase!), *sollte der Zeichenblock nicht mittig vor dem Kind liegen, sondern mittig zur linken Schulter des Kindes!*“

Häufig fragen Eltern, ob es wichtig sei, in welcher Richtung die Schwungübungen ausgeführt werden. In erster Linie ist es wichtig, dass das Kind sich dabei wohl fühlt; viele Kinder malen automatisch entgegen dem Uhrzeigersinn; ich würde aber ein Kind, das im Uhrzeigersinn malen möchte, nicht korrigieren.

Viele Kinder empfinden die Schwungübungen anfangs als sehr wohltuend, entspannend und – da diese Übung zusammen mit einem Elternteil ausgeführt werden sollte – auch als besondere Zeit mit diesem Elternteil. Günstig ist, wenn Mutter oder Vater und Kind sich an einem großen Tisch gegenübersitzen. Nachdem mehrere Runden auf dem Papier gemalt wurden, kann zur Abwechslung die Farbe gewechselt werden.

Vorsicht, es gibt Kinder, die während dieser fünfminütigen Übung mehr Zeit damit verbringen, die nächste Farbe auszusuchen, oder die lieber ständig die Farbe wechseln, als dass sie Schwungübungen ausführen. Hilfreich ist es bei solchen Kindern, die Farbauswahl zu reduzieren und die Vorgabe „mindestens fünf Runden mit einer Farbe“ zu formulieren.

Nach den ersten Wochen verfliegt meist die anfängliche Begeisterung der Kinder für diese Übung – dann ist Ideenreichtum gefragt, um die Kinder „bei der Stange zu halten“. Es können neue Muster zum Schlaufenmalen ausprobiert werden. Man kann auch einen Küchenwecker auf eine Laufzeit von fünf Minuten einstellen oder aber eine schöne Musik abspielen; ebenso kann einem Hörspiel gelauscht werden – der Fantasie sind keine Grenzen gesetzt. Nur Fernsehen ist hierbei tabu!

Das Ausführen der Schwungübungen wird von vielen als Spielerei angesehen und damit auch nicht entsprechend ernst genommen. So kann es geschehen, dass Eltern sagen: „Mach erst deine Schulaufgaben und dann die Schwungübungen!“ *Leider ist dies die falsche Reihenfolge!* Gerade wenn das Kind die

Schulaufgaben noch mit der rechten Hand macht, ist es wichtig, vor dieser Leistung das Gehirn fit zu machen. Schwungübungen sind Gehirnjogging – sie machen das Gehirn stark; wer mit der nicht dominanten Hand schreibt, benötigt diese Stärkung besonders.

Fallbeispiel Lars

Lars (8 Jahre, 3. Klasse) begann seine Rückschulung in den Osterferien mit täglich 5 Minuten Schwungübungen.

Als besondere Umschulungsfolgen waren bei ihm unter anderem die vielen Rechtschreibfehler aufgefallen. Ungeübte Diktate schrieb er mit bis zu 20 Fehlern (einmal schrieb er das Wort „Fahrrad" mit 3 Fehlern!); bei geübten Diktaten freuten sich die Eltern, wenn er weniger als 4 Fehler schaffte. Nach 2 Wochen Osterferien mit täglichen linkshändigen Schwungübungen schrieb er rechtshändig ein ungeübtes Diktat mit 3 Fehlern. Dies veranlasste die Lehrerin, ihn besorgt zu fragen, ob er denn die ganzen Ferien gelernt habe. Lars: „Nein, aber gemalt!" Obwohl er dieses Diktat noch mit der nicht dominanten Hand geschrieben hatte, konnte sein Gehirn alleine schon von den Schwungübungen profitieren.

Viele Umschulungsfolgen können bereits durch eine verbesserte Zusammenarbeit der Gehirnhälften gemindert werden. Daher sind die Schwungübungen für Kinder und Jugendliche kurz vor und während der Pubertät so effektiv! (Siehe Kapitel 9)

Kindern während einer Rückschulung empfehle ich, an Schultagen, an denen ein Diktat oder eine andere Arbeit geschrieben wird, die Schwungübungen schon morgens vor der Schule zu erledigen. So machen sie sich zusätzlich fit für diese Aufgabe, unabhängig davon, mit welcher Hand sie dann schreiben.

KAPITEL 12

Wie Sie Ihrem Kind das alles erklären können

Damit das Kind verstehen kann, warum es lernen soll, linkshändig zu malen und zu schreiben, ist es wichtig, ihm bestimmte Dinge zu erklären:

1. **Das umgeschulte Kind hat *keine Schuld!* Es hat *nichts „falsch“* gemacht!** Da manche Kinder dies annehmen, halte ich es für wichtig, dies dem Kind in einem Gespräch ausdrücklich zu sagen. Erklären Sie Ihrem Kind, dass es viele Menschen gibt, die mit der Helferhand Malen und Schreiben gelernt haben. Und sagen Sie ihm, welche Schwierigkeiten solch eine Umschulung mit sich bringt. (Es ist, als würde man mit angezogener Handbremse Fahrrad fahren! Oder finden Sie ein anderes für das Kind verständliches Bild.) Und erklären Sie Ihrem Kind weiter, wie gut es ist, dass es jetzt langsam lernen kann, mit der „starken“ Hand zu schreiben, und somit viele Probleme, die andere haben, weil sie mit der Helferhand schreiben, nicht oder zu mindestens weniger haben wird.
2. ***Die Umschulung ist das Problem,* nicht die Linkshändigkeit!** Kinder denken schnell, sie oder ihre Händigkeit stellten ein Problem für die Eltern dar. Die Antwort darauf sollte klar formuliert werden. Im Klartext: Das Problem, nämlich die Umschulung, wird nun „beseitigt“. Und dies nennen wir ***Rückschulung***.
   Allerdings ist eine Rückschulung nicht ganz einfach. (Auch das Erlernen des Einmaleins ging nicht in einer Woche; Radfahren und Schwimmen waren am Anfang auch nicht einfach!)
3. Im Vergleich zu uns Erwachsenen fehlt dem Kind meistens die ***Motivation*** für die Rückschulung, da es viele dieser Zusammenhänge noch nicht verstehen kann. Ähnliches

kennen wir vom täglichen Zähneputzen. Wir Erwachsenen wissen um die Zusammenhänge (schmutzige Zähne = Karies), das Kind weiß dies aber nicht bzw. kann noch nicht so weit vorausdenken. Daher ist *Motivation* eine große Herausforderung, die Sie als Eltern leisten müssen.
Ein häufiger Satz von Kindern lautet: „Ich kann aber mit der rechten Hand viel schöner malen/schreiben!"
Es ist wichtig, Kinder in ihrer Körperwahrnehmung zu bestätigen. Also bestätigen Sie diese Aussage: „Ja, das stimmt, weil diese Hand geübter ist, aber deine linke Hand wird das noch besser können, wenn du sie richtig trainierst / wenn sie mehr üben darf …" (Oder ähnlich.)
Mit dem Motivationsproblem haben rückschulende Kinder öfter zu kämpfen. Aber je deutlicher die Eltern hinter der Maßnahme „Rückschulung" stehen, desto einfacher fällt es den Kindern. Zum besseren Verständnis wechsele ich hierbei gerne zur Prozedur des täglichen „Zähneputzens": Man kann Kindern nicht täglich neu den Sinn und Zweck des Zähneputzens erklären – man will es auch nicht! Und doch versuchen die Kinder immer wieder aufs Neue, um diese unbeliebte Tätigkeit herumzukommen. (Dafür sind sie ja Kinder!)
Allerdings erfahren die Kinder durch unser tägliches konsequentes Verhalten (es geht mir hier nur ums Zähneputzen!), dass wir das anscheinend doch ernst meinen und dass das Ganze einen Grund hat, auch wenn dieser Grund dem Kind in diesem Moment unwichtig erscheint. Kinder zu motivieren bedeutet ihnen zu helfen, ausdauernd und somit erfolgreich zu sein.

4. Eine Rückschulung wirkt manchmal ähnlich einem homöopathischen Medikament, das heißt, anfangs kann es zeitweise zur ***Verstärkung der Umschulungsfolgen*** kommen. Dies schildern viele Eltern. *Wichtig ist, auch dies den Kindern zu erklären.* (Etwa so: Ein Splitter im Finger tut weh, das Herausziehen ist richtig schmerzhaft. Aber nur dadurch kann der Schmerz aufhören!)

Verständnisvoller Umgang von Eltern und Lehrern hilft den Kindern, mit den Phasen kurzzeitiger Verstärkung ihrer Umschulungsfolgen besser klarzukommen. Erfahrungsgemäß sind solche Phasen nicht sehr lang.

5. Eine Rückschulung verläuft niemals geradlinig. ***Rückfälle*** gehören auch dazu. Aber diese Rückfälle (zum Beispiel nach Ferien oder langen Wochenenden) dem Kind als Zeichen für einen baldigen erfolgreichen Abschluss der Rückschulung zu „verkaufen", das ist schon eine große Herausforderung. Aber genau darum bitte ich Sie! Denn es ist wirklich so: Nach erfolgreich gemeisterten Rückfällen geht es meist schnell voran.

   Wenn Sie also nach einer längeren Zeit des linkshändigen Schreibens bemerken, dass Ihr Kind wieder mit der rechten Hand schreibt, wäre vielleicht folgende Reaktion denkbar: „Huch, da hat sich ja deine Helferhand wieder mal vorgedrängt!" Oder: „Das ist ja ein Ding, weißt du, dass man sagt, kurz vor Ende der Rückschulung würde sich oft noch einmal die Helferhand vordrängen. Also, wenn du jetzt weiter mit der starken Hand schreibst, hast du es bald geschafft!"

Die Rückschulung ist ein Prozess, der bei Grundschulkindern durchschnittlich 4 bis 9 Monate in Anspruch nimmt.

Die ***Zusammenarbeit mit der Lehrerin oder dem Lehrer*** ist sehr wichtig. Informieren Sie die Lehrkraft über die Umschulung und über den Stand der Rückschulung. Wenn das Kind anfängt, auch in der Schule mit der linken Hand zu schreiben, benötigt es die Unterstützung der Lehrerin oder des Lehrers. Sollte das Kind nach circa 8 Monaten nicht mindestens 80 Prozent mit der linken Hand schreiben, muss die Rückschulung erfolglos abgebrochen werden.

KAPITEL 13

Tipps, die den Wechsel des Handgebrauchs erleichtern

Beschriftung der Stifte

Beschriften Sie die Stifte des Kindes so, dass das Kind seinen Namen auf dem Stift nur dann richtig lesen kann, wenn es den Stift in der linken Hand hält. Üblicherweise werden Stifte „rechtshändig" beschriftet, das heißt, nur wer den Stift in der rechten Hand hält, kann auch seinen Namen lesen. Wer solch einen beschrifteten Stift in der linken Hand hält, sieht seinen Namen hingegen auf dem Kopf stehend. Da man den eigenen Namen aber nun nicht wirklich „liest", sondern mit *einem* Blick erfasst, ist die richtige Stiftbeschriftung bei der Rückschulung hilfreich.

Es stört die meisten Menschen, wenn der eigene Name fehlerhaft zu lesen ist – und auf dem Kopf stehend möchte man seinen Namen auch nicht gerne lesen! Daher kann „rechtshändige" Stiftbeschriftung sogar dazu führen, dass das Kind mit Absicht den Stift in die rechte Hand nimmt, damit es seinen Namen richtig herum lesen kann.

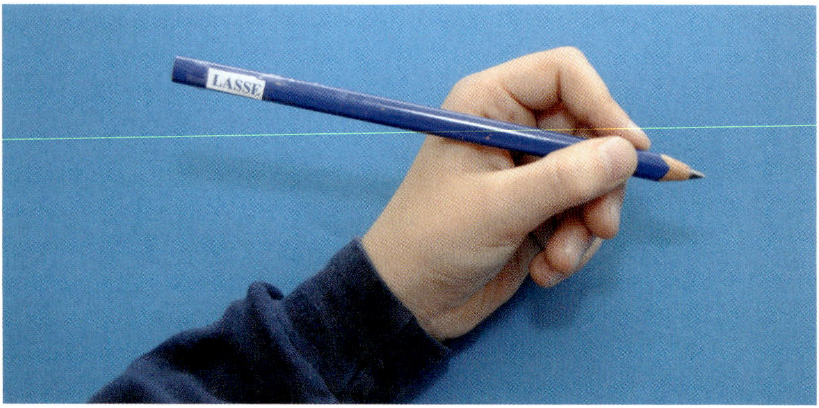

Richtige Stiftbeschriftung

Falsche Stiftbeschriftung

Nachspurübungen

Die in Kapitel 10 angesprochenen Nachspurübungen dienen zur Vorbereitung des Schreibens mit der linken Hand. Die Beweglichkeit der Schreibfinger soll hierbei spielerisch eingeübt werden. Einige Kinder haben jedoch keinen Spaß daran, vorgezeichnete Muster nachzumalen; in diesem Fall empfiehlt es sich, das Kind aufzufordern, das vorgezeichnete Muster unterhalb der Zeile frei nachzumalen.

Wortwahl

Sprechen Sie nicht ständig von der linken Hand, sagen Sie besser „starke Hand“, „Chefhand“, „Malhand“, „Schreibhand“ ... Vielleicht suchen Sie gemeinsam mit dem Kind eine besondere Bezeichnung für die „neue Hand“. In Kapitel 4 finden sich viele wichtige Anregungen, die zu einer wohlbedachten Wortwahl anregen.

Wenn man ein Kind ermuntern möchte, zum Beispiel einen Eisbecher linkshändig zu essen, bietet sich vielleicht folgende Formulierung an: „Heute darf deine starke Hand das Eis essen!“ *(Lieber „dürfen“ statt „müssen“!)* Es geht manchmal wirklich um eine explizite Erlaubnis: Das Kind darf seiner „starken“ Hand etwas erlauben!

Hingegen ist es nicht hilfreich, wenn man ein rückschulendes Kind in einer Gruppe (Kindergarten) oder in einer Klasse (Schule) laut ermahnt: „Du sollst doch deine linke Hand nehmen!" Günstiger wäre in diesem Fall, zu dem Kind zu gehen, die eigene Hand auf die linke Schulter des Kindes zu legen und es leise etwa folgendermaßen anzusprechen: „Denkst du dran?" Oder: „Alles in Ordnung?" Es sind bekanntlich die kleinen Dinge im Leben, die Großes bewirken.

Beide Hände werden gebraucht!

Wenn im Rückschulungsprozess immer nur die linke Hand besonders erwähnt wird, gewinnt das Kind den Eindruck, dass die bisherige Schreibhand nun „arbeitslos" sei. Statt Kinder auf das Benutzen der linken Hand beim Schreiben anzusprechen, drehe ich das Ganze gern um: „Na, wo ist denn jetzt die Haltehand? Die soll doch das Blatt festhalten!"

Ich finde es wichtig, immer wieder darauf hinzuweisen, dass der Mensch aus gutem Grunde zwei Hände hat! Damit meine ich, dass es zu verhindern gilt, dass Kinder plötzlich konsequent zum *einarmigen* Handeln angehalten werden. Niemand benutzt immer nur seine Führungshand. Die Führungshand kann nur führen, wenn die Haltehand hält!

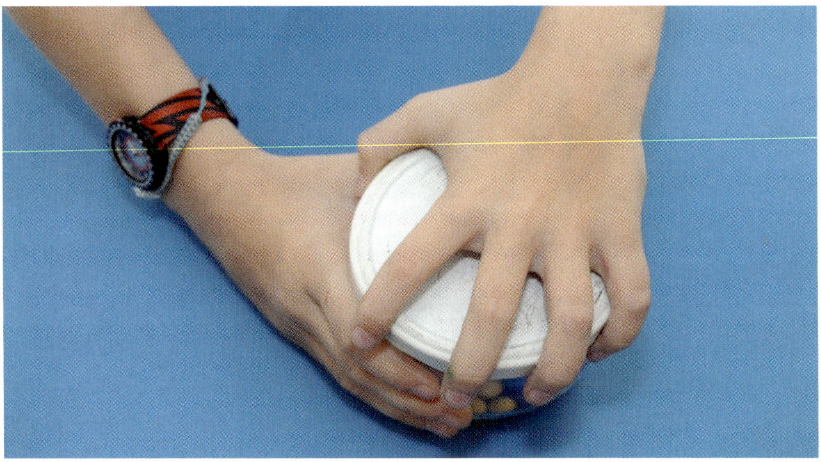

Zum Öffnen eines Glases mit Schraubverschluss hält meist die Haltehand entweder Deckel oder Glas, damit die Führungshand die Drehbewegung (mit Glas oder Deckel) erfolgreich ausführen kann.

Aber gelegentlich kann die Haltehand durchaus auch bestimmte Tätigkeiten alleine ausführen. Beispiel: Wenn ein Kind seine Suppe weiterhin mit der rechten Hand essen möchte, darf es dies selbstverständlich.

Rückschulende Kinder müssen in erster Linie lernen, mit ihrer dominanten Hand zu schreiben und zu malen; vieles andere machen sie automatisch mit ihrer „starken" Hand.

Umgang mit der Computermaus

Beim Bedienen des Computers ist es wichtig, das Benutzen der Computermaus konsequent auf die linke Hand umzustellen. Es ist nicht zwingend nötig, die Maus selbst „auf links" zu programmieren. Wenn die Maus etwas schräg in der Hand gehalten wird, lässt sich auch mit dem linken Zeigefinger die linke Maustaste bedienen. Eine andere Variante ist die Bedienung mit dem linken Mittelfinger. Hierbei bleibt die Ausrichtung der Maus natürlich gerade.

Vorteil: So muss die Maus – der Händigkeit des Bedieners entsprechend – nur jeweils auf die rechte oder linke Seite der Tastatur gelegt werden.

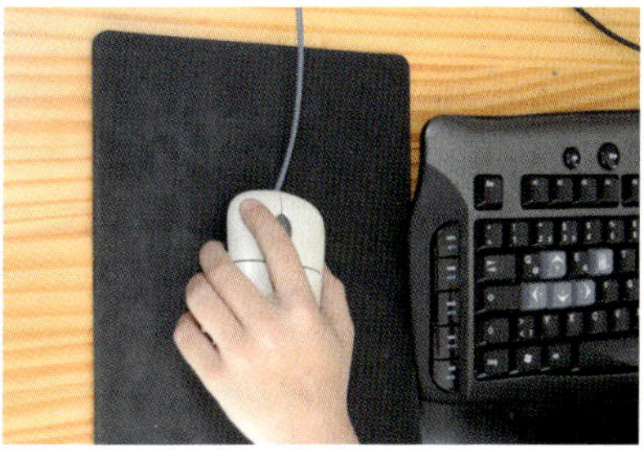

Rechtshändig programmierte Maus
Benutzung mit linkem Zeigefinger

Rechtshändig programmierte Maus
Benutzung mit linkem Mittelfinger

Linkshändig programmierte Maus – Benutzung mit linkem Zeigefinger

Aber Vorsicht! Nicht jedes Kind kann die Maus so bedienen. Falls es damit Schwierigkeiten hat, sollte eine zweite Computermaus an den Computer angeschlossen werden, die linkshändig programmiert werden sollte.

Kinder, die den Computer schon längere Zeit benutzen, haben anfänglich Mühe, den Cursor mit der linken Hand zu bedienen, und möchten gerne weiterhin die Maus mit der rechten Hand bedienen. Es ist wichtig, dem nicht nachzugeben, sondern mit kleinen Tricks die Bedienung der Maus mit der linken Hand zu fördern. Platzieren sie irgendwelche Gegenstände auf der rechten Seite der Tastatur oder verschieben sie die Tastatur so weit nach rechts, dass sie bündig mit der Tischplatte abschließt. Übung macht auch hier den Meister!

Schreibrichtung

Das Schreiben mit der linken Hand ist vom Bewegungsablauf her ein „Schieben“ – im Unterschied zum rechtshändigen Schreiben, denn dort wird „gezogen“.

Die linke Hand schiebt

Die rechte Hand zieht

Beim Schreiben von mathematischen Aufgaben fällt es linkshändigen Kindern leichter, waagerechte Striche entgegen der Schreibrichtung auszuführen. Daher halte ich es für ratsam, diese Strichführungen dem Kind zu zeigen, denn in den Schreiblehrgängen wird immer nur zur Strichführung von links nach rechts angeleitet.

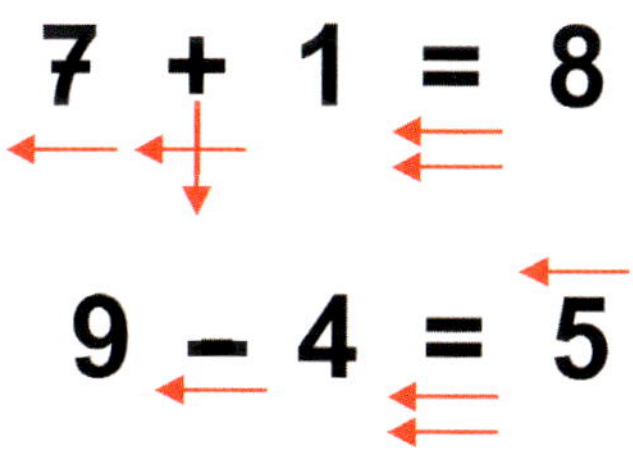

Ähnliches gilt für einzelne Striche bei den Buchstaben:

Schriftgröße

Eine Besonderheit beim Wechsel der Schreibhand ist die anfänglich veränderte *Größe der Schrift*. Die Buchstaben und Zahlen geraten ungewollt größer, im Matheheft passen plötzlich die Zahlen nicht mehr in die Kästchen. Daher ist es hilfreich, übergangsweise zu Mathematikheften mit größeren Kästchen zu wechseln. Ebenso empfinden es einige Kinder leichter, auf Blättern mit größerer Linierung zu schreiben.

Wenn Kinder über dieses Größenphänomen informiert sind, richten sie ihr Augenmerk auch nicht mehr so sehr darauf, und je mehr sie mit der linken Hand schreiben, desto schneller „schrumpfen“ die Zahlen und die Buchstaben wieder auf die gewünschte Größe.

Motivation – die Triebfeder der Rückschulung

Kinder, die „nicht so recht wollen“, zu motivieren, ist bekanntlich sehr schwierig. Sofern Eltern den Sinn und Nutzen der Rückschulung verstanden haben, können sie auch etwas von ihrer Motivation an ihre Kinder weitergeben; manchmal sind dabei kleine Belohnungen ganz hilfreich. Aber wenn die Eltern selbst nicht so richtig hinter der Rückschulung stehen, merken das die Kinder schnell und sind bald gar nicht mehr zu motivieren.

Ein häufiger Stoßseufzer entmutigter Eltern lautet: „Wenn er doch unbedingt mit der rechten Hand schreiben will, kann ich ihn doch nicht zwingen …“ Hierauf antworte ich gern mit folgender Frage: „Und abends vor dem Schlafengehen, wenn er dann seine Zähne nicht putzen möchte, lassen sie ihn dann auch ...?“

Letztendlich geht es darum, dass der Erwachsene den richtigen Weg kennt und dem Kind diesen auch vermitteln kann. Über das abendliche Zähneputzen wird in den meisten Familien auch nicht diskutiert, denn Eltern wissen, was den kindlichen Zähnen sonst droht (Karies). Und wenn wir unser Kind zum Zähneputzen anhalten, glauben wir ja auch nicht, wir würden dem Kind damit schaden.

Der bereits erwähnte Autor Milos Sovak schrieb dazu: „Niemals jedoch darf man so lange üben, bis der Schüler des Schreibens überdrüssig ist. Hierbei gilt der Grundsatz, dass das Einüben der linken Hand für den Schüler ein Vergnügen, eine Freude und Erleichterung sein soll. Seine linkshändigen Leistungen unterstützen die Eltern durch unauffällige Ermunterung oder Lob, Lächeln und Verständnis. Die angenehme emotionelle Unterstützung der linkshändigen Aktivität wird bisweilen sehr deutlich unterstützt, wenn man bei den häuslichen Übungen dem Schüler ohne überflüssige Worte eine Süßigkeit zur linken Hand legt." (Sovak, S. 350–351)

KAPITEL 14

Berichte von Eltern während und nach der Rückschulung

In den vielen Jahren meiner Händigkeitsberatung gaben Eltern mir oft Rückmeldungen über die von ihnen beobachteten Veränderungen bei ihren Kindern, während und nach der Rückschulung. Eine unkommentierte Auswahl soll im Folgenden die Vielschichtigkeit verdeutlichen.

Mattis, 6 Jahre

Die Mutter ruft vier Wochen nach Rückschulungsbeginn an und berichtet: „Es ist mühsam, Mattis bei der Stange zu halten, aber es ist auffallend, was für eine tolle Stifthaltung er jetzt in der linken Hand hat."

Nils, 6 Jahre

Die Mutter berichtet über ihren Sohn: „Nils macht seit vier Wochen Schwungübungen und stottert fast gar nicht mehr!"

Markus, 9 Jahre

Die Mutter von Markus berichtet vier Wochen nach Rückschulungsbeginn: „Er schreibt plötzlich bessere Noten!"

Simon, 7 Jahre

Die Mutter berichtet drei Monate nach Rückschulungsbeginn über Simon: „Alles läuft sehr gut, Simon malt und schreibt mit links. Das Schreibtempo ist noch langsam, aber die Schrift wird deutlich besser!"

Kaja, 8 Jahre

Der Vater berichtet nach zehn Monaten über die erfolgreiche Rückschulung seiner Tochter: „Alle sagen, Kaja sei jetzt viel offener; vorher war sie fast depressiv."

Tom, 9 Jahre

Die Großmutter von Tom, sechs Wochen nach Rückschulungsbeginn: „Tom ist viel selbstbewusster geworden, so, wie er früher war, vor der Einschulung!“

Marvin, 8 Jahre

Die Mutter berichtet drei Monate nach Rückschulungsbeginn über ihren Sohn: „Er schreibt keine Zahlendreher mehr und er muss nicht mehr so lange im Buch nach seinen Hausaufgaben suchen.“

Inken, 5 Jahre

Die Mutter berichtet vier Wochen nach Rückschulungsbeginn: „Mit ihrer linken Hand hat Inken jetzt endlich eine entspannte Stifthaltung. Früher habe ich immer versucht, ihre verkrampfte Stifthaltung zu verbessern – ich wusste ja nicht, dass sie den Stift in ihrer falschen Hand hielt. Neulich war ich ganz erstaunt, als ich bemerkte, dass Inken beim Malen mit Wasserfarben wie selbstverständlich den Pinsel linkshändig führte. Ich bin richtig glücklich, dass wir das mit der versteckten Linkshändigkeit gemerkt haben!“

Jan, 8 Jahre

Drei Monate nach Rückschulungsbeginn berichtet die Mutter: „Jan war in den ersten vier Wochen der Rückschulung häufig müde, teilweise hat er nach dem Mittagessen erst eine halbe Stunde Mittagschlaf gehalten. Aber so langsam wird es wieder besser. Anfangs hatte ich den Eindruck, sein Kopf müsse zu viel verarbeiten. Nun ist es eine Freude, ihn so munter und aufgeweckt zu erleben. Neulich sagte er zu seinem Opa, dass er mit links besser und schneller denken könne.“

Kristin, 7 Jahre

Die Mutter berichtet vier Wochen nach Beginn der Rückschulung, dass ihre Tochter zu ihrer ursprünglichen Fantasie zurückfinde. Früher hätten Kristins Finger sich immer miteinander „unterhalten“ … Irgendwann hörten diese lustigen Fantasiespiele auf. Im Verlauf ihrer Rückschulung fand Kristin wieder zu diesem Spiel zurück.

Lisa, 7 Jahre

Die Mutter sendet mir fünf Wochen nach Beginn der Rückschulung eine nette kurze Mail, in der sie über erste Fortschritte berichtet: „Lisa schreibt jetzt schon die Mathehausaufgaben mit links und hin und wieder schreibt sie sogar mit der linken Hand, ohne es zu merken. Erstaunlich finde ich, dass meine Tochter nun endlich zwei Dinge gleichzeitig tun kann (erzählen und dabei Schuhe anziehen).“

Hauke, 7 Jahre

Die Mutter berichtet: „Wenn er linkshändig schreibt, hat er das Einnässproblem nicht. Schreibt er rechtshändig, nässt er auch wieder ein.“

*

Immer wieder aufs Neue freue ich mich, wenn Eltern berichten, dass Kinder im Zuge ihrer Rückschulung wieder aufblühen, Freude und Unbeschwertheit ausstrahlen und den Eltern somit das Gefühl geben, das Richtige zu tun. Mittlerweile habe ich mehrere Hundert Eltern bezüglich ihrer umgeschulten linkshändigen Kinder beraten und bei deren Rückschulung unterstützend zur Seite gestanden. Solche teilweise sehr bewegenden Berichte über die positiven Veränderungen der Kinder erreichen mich immer wieder.

Wenn im Verlauf der Rückschulung mittels Schwungübungen die Fehlbelastungen des Gehirns reduziert werden können und infolgedessen ein positiv verändertes Verhalten beim Kind zu beobachten ist, deutet dies auf vormals existierende Umschulungsfolgen hin. (Kapitel 2) So kann es auch vorkommen, dass Umschulungsfolgen erst nachträglich, also durch deren Abwesenheit als solche erkannt werden (ähnlich der Gesundheit, die auch erst durch Abwesenheit auffällt!).

Leider gibt es nicht immer nur Erfolgsmeldungen; es gibt natürlich auch Gespräche mit Eltern, in denen über die Schwierigkeiten, das Kind zu motivieren, gesprochen wird und gemeinsam nach Lösungen gesucht wird. Da jedes Kind anders ist, sind die Motivationsmöglichkeiten auch bei jedem Kind andere.

KAPITEL 15

Fingerbeweglichkeit als Grundlage für entspannte Stifthaltung

Verschiedene Übungen sind hilfreich, wenn man auf spielerische Art die Beweglichkeit der drei Schreibfinger fördern und trainieren möchte. Damit das Kind auch Freude an den Übungen hat, finde ich es wichtig, dass nicht nur das rückschulende Kind, sondern auch der begleitende Erwachsene diese Übungen mitmacht.

Übung 1: Kneten

Material: Kinderknete, am besten mit Bienenwachs, keine Softknete!

- Diese Übung sollte im Stehen durchgeführt werden.
- Die rechte Hand wird dabei in die Hosentasche gesteckt.
- In der linken Hand wird ein Knetball (ca. 6 cm Durchmesser) langsam weich geknetet.

Da das Kneten am Anfang (wenn die Knete noch kalt ist) sehr viel Kraft erfordert, ist es hilfreich, wenn der Erwachsene etwa nach einer halben Minute die Knete mit dem Kind tauscht. Ist die Knete einmal weich geknetet, kann immer abgewechselt werden,

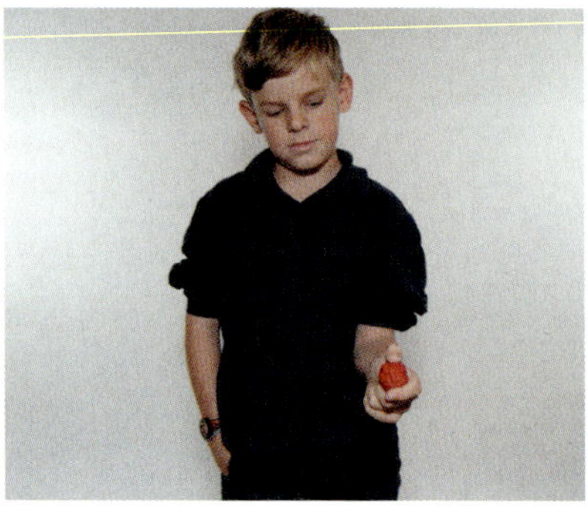

von „Ball formen“ zu „Teller oder Pizza formen“ und wieder zu „Ball formen“ oder zu „Wurst formen“.

Auch kann versucht werden, andere Figuren zu formen (Delfin, Bär, Schlange, Maus …). Jeder kann hier seiner Fantasie freien Lauf lassen; Hauptsache, es wird geknetet und es macht Spaß!

Das Kneten im Stehen hat folgenden Sinn:

– Die Knete kann so nicht auf einer Tischplatte weich gedrückt werden. Es muss ausschließlich mit den Fingern der linken Hand geknetet werden.
– Hauptsächlich wird auf diese Art die Muskulatur von Daumen, Zeigefinger und Mittelfinger gestärkt.
– Da diese Übung sehr anstrengend ist, empfehle ich als Zeitrahmen höchstens 5 Minuten. In der Rückschulungsphase ist diese Übung effektiv, wenn sie zwei- bis dreimal pro Woche gemacht wird.
– Das Kneten im Stehen hat nebenbei auch einen praktischen Vorteil. Außer den Knetbällen wird kein weiteres Material benötigt (keine besondere Knetunterlage für den Tisch …).

Bienenwachsknete färbt nicht an den Händen ab – somit kann diese Übung „nebenbei“ gemacht werden, ohne aufwendiges Vorbereiten und zusätzliches Händewaschen, und Bienenwachsknete muss auch nicht luftdicht verschlossen aufbewahrt werden.

Diese Übung kann nur mit echter Knete den gewünschten Erfolg erzielen, da nur echte Knete durch kräftiges Kneten erst formbar wird. Anfangs relativ fest, wird die Knete mit zunehmender Temperatur weicher. Die Temperaturveränderung des Materials wird allein durch die Bewegung der Finger verursacht, sodass die Muskulatur der Finger spielerisch gestärkt bzw. teilweise auch erst aufgebaut wird. (Aus diesem Grund ist Softknete für diese Übung ungeeignet!)

Für Kinder kann man diese Übung auch gut als „Bodybuilding der Schreibfinger“ bezeichnen.

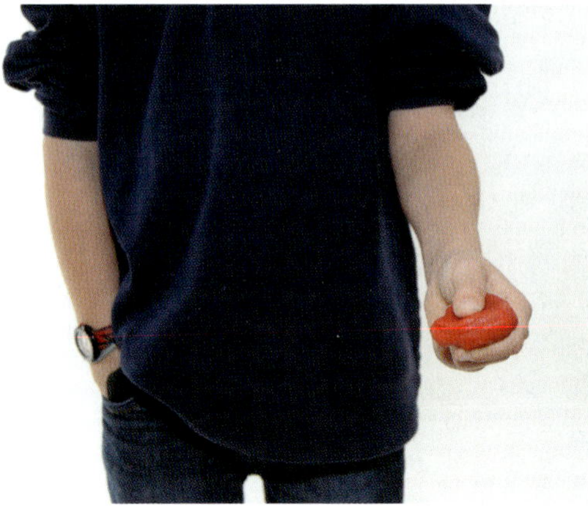

Erste Aufforderung:
„Versuche einmal, diesen Ball in eine Pizza / einen Teller umzuformen!"

Zweite Aufforderung:
„Jetzt wieder zu einem Ball kneten!"

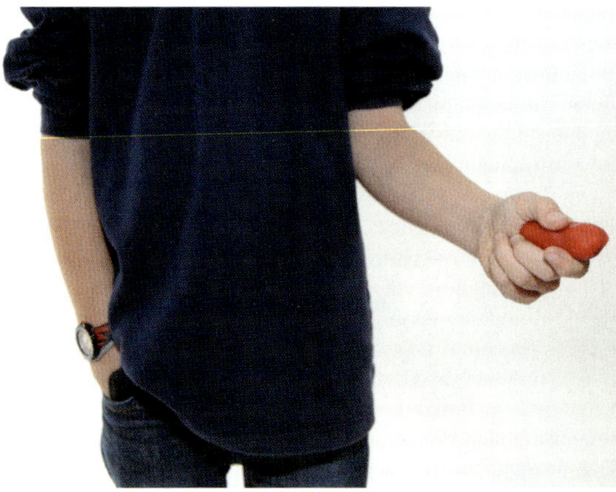

Dritte Aufforderung:
„Nun knete aus dem Ball eine lange Wurst! Benutze dazu hauptsächlich Zeigefinger und Daumen!"

Übung 2: „Alles okay?“

Zu dieser Übung erkläre ich den Kindern immer Folgendes:

„Versuche einmal, mit dem Daumen und dem Zeigefinger deiner linken Hand, ein O zu formen ...“ Manchmal sage ich den Kindern auch, dass Taucher unter Wasser eine Zeichensprache benutzen müssen und dass das Zeichen O (vgl. Foto) bedeutet: „Alles okay!“

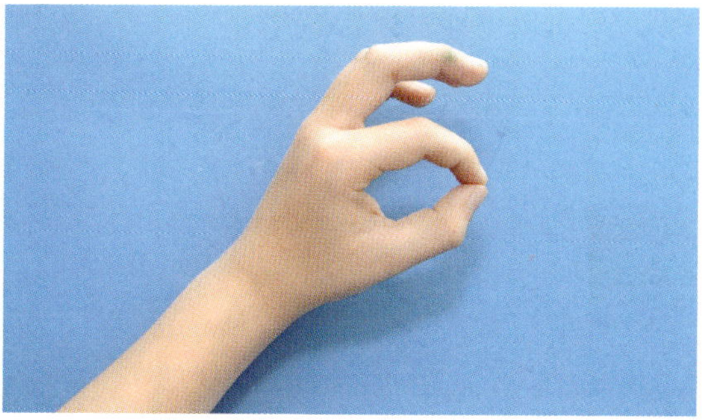

O für: Alles okay!

Als Nächstes bitte ich das Kind, das schöne runde O ganz lang und flach zu drücken. Beim Durchführen dieser Übung ist darauf zu achten, dass Daumen und Zeigefinger abwechselnd gebogen und gestreckt werden. Also: „Okay“, dann „flaches O“, dann „okay“, dann wieder„flaches O“ usw.

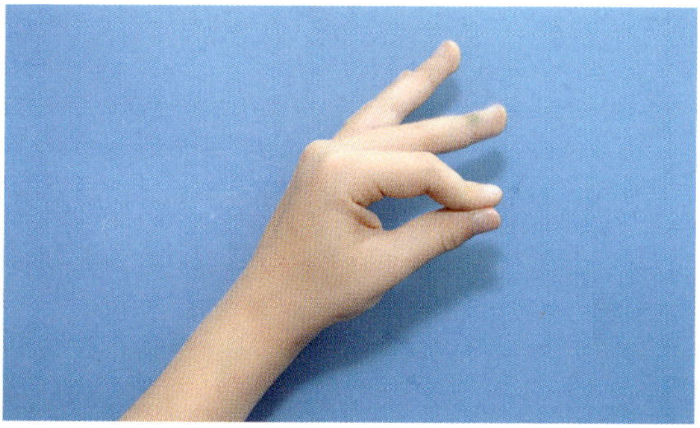

Flaches O

Hiermit soll eine bessere Beweglichkeit der Fingergelenke erreicht werden, als Grundlage der effektiven und entspannten Stiftführung. (Dauer: fünf- bis zehnmal hintereinander).

Daumen und Zeigefinger formen ein O

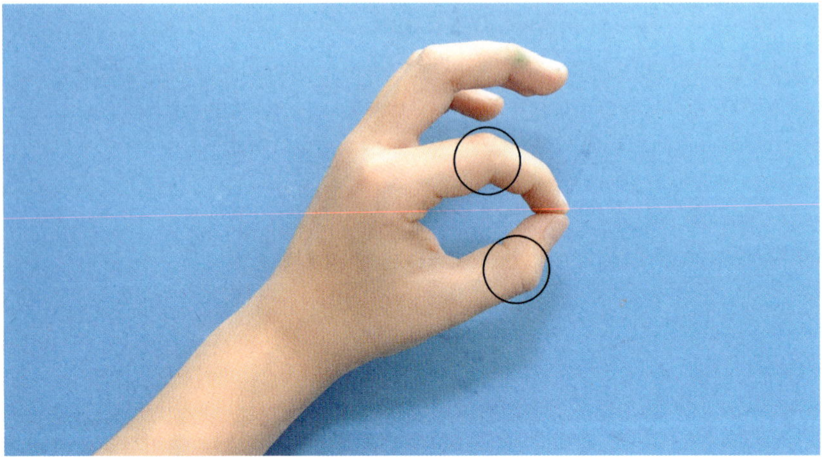

Es ist hilfreich, dem Kind diese Stellen anfänglich mit einem bunten Filzstift-Punkt auf den Gelenken zu markieren, damit es sein Augenmerk bei dieser Übung genau auf die Bewegung dieser Gelenke richtet.

Daumen und Zeigefinger strecken das O flach und lang, um dann wieder ein rundes O zu formen. Durch das abwechselnde Strecken und Beugen der Daumen- und Zeigefingergelenke soll eine bewusste Bewegungssteuerung der Finger erreicht werden.

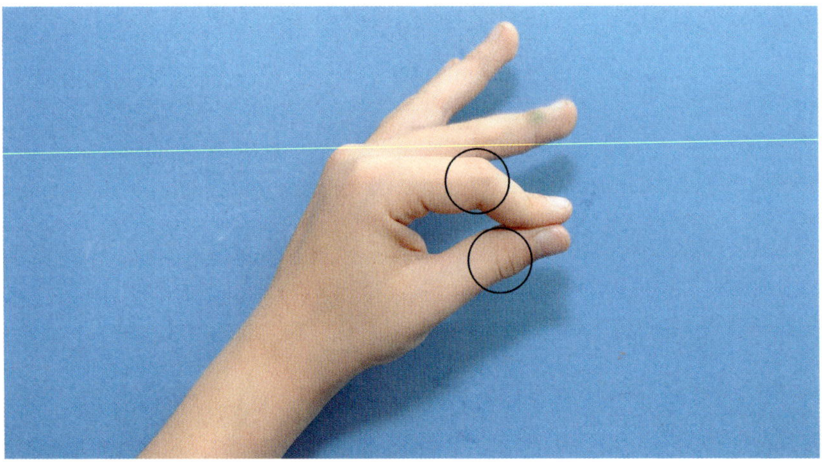

Übung 3: „Tock-tock-tock“

Die rechte Hand umgreift das Glas, dann kann es nicht umfallen.

Die linke Hand hält den Stift (Handballen und Unterarm liegen fest auf der Tischplatte auf) und mit der Stiftspitze wird nun ganz leicht am Glas „angeklopft“. Der Stift wird hierbei in etwa parallel zur Tischplatte gehalten. Hier soll die *Bewegung des Stiftes ausschließlich durch Zeigefinger, Daumen und Mittelfinger* erfolgen! Handballen und Unterarm bleiben ruhig auf der Stelle liegen.

Probieren Sie diese Übung selbst aus – sie ist wesentlich schwerer, als es aussieht!

Kinder finden mehr Spaß an der Übung, wenn Mutter oder Vater mitmachen. Daher bitte zwei Gläser und zwei Stifte bereithalten. Im Sinne der Chancengleichheit sollten Erwachsene diese Übung mit ihrer *nicht* geübten Hand ausführen. Damit kann die Schwierigkeit dieser Übung besser erfahren werden.

Wichtig ist bei dieser Übung, darauf zu achten, dass das Handgelenk und der Unterarm die ganze Zeit auf der Tischplatte aufliegen.

Häufige Fehler:

- Nicht Daumen und Zeigefinger werden bewegt, sondern die ganze Hand! Beobachten Sie zur Kontrolle den Handrücken – dieser muss unbewegt bleiben!
- Viele Kinder heben die Hand von der Tischplatte ab! Das Handgelenk mit dem Handballen muss aber auf der Tischplatte aufliegen.

Zur Kontrolle kann das Kind die rechte Hand auf den linken Unterarm, nahe beim Handgelenk, auflegen, um dadurch zu fühlen, ob sich auch wirklich keine Muskeln im Unterarm bewegen.

Auch diese Übung dient der Steigerung der Fingerbeweglichkeit.

(Vorlage hierzu ist „Der pickende Specht und die neugierige Schildkröte“ von Johanna Barbara Sattler, Quelle: „Kindergruppen zur Schreibvorbereitung mit links“, nach Dr. J. B. Sattler)

Im Folgenden werden hier nun die einzelnen Funktionen der drei Schreibfinger genauer erklärt. Da jeder Finger hierbei eine eigene Aufgabe zu erfüllen hat, ist verständlich, dass dieses „Schreibtrio“ nur im Ganzen funktioniert. Verlässt auch nur *ein* Finger seine Position, können die verbleibenden Finger ihre Aufgabe nicht mehr erfüllen.

Der Mittelfinger hat eine stützende Funktion, die er nur unterhalb des Stiftes einnehmen kann.

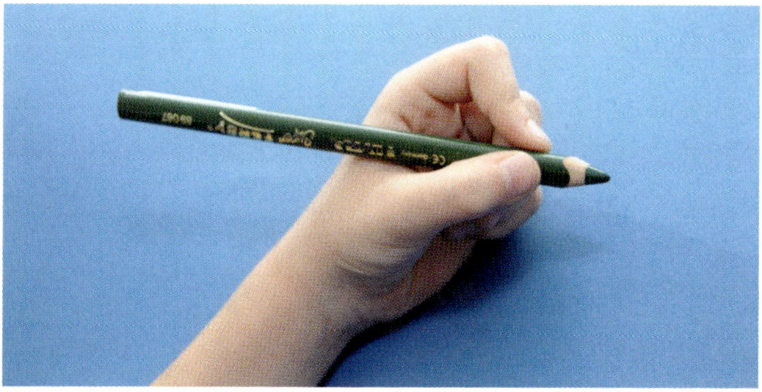

Richtige Stifthaltung

Wird der Mittelfinger mit auf den Stift genommen, verliert er diese Funktion und eine Stiftbewegung mittels Aktivierung der Schreibfinger ist nicht mehr möglich.

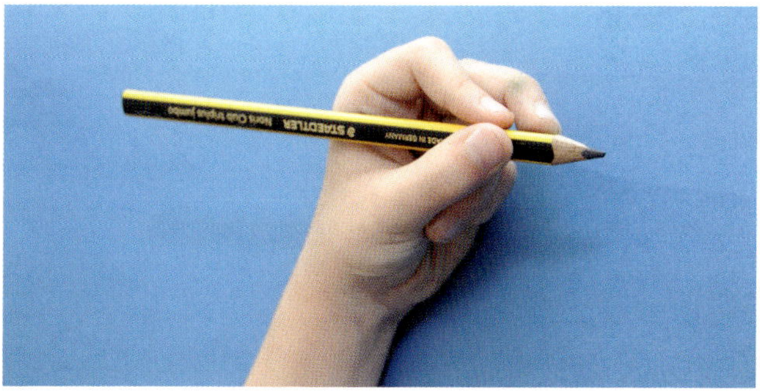

Falsche Stifthaltung

Folge dieser ungünstigen Stifthaltung ist, dass nun die Bewegung aus dem ganzen Unterarm getätigt werden muss. Kinder, die so schreiben, ermüden verständlicherweise viel früher, denn diese Schreibtechnik benötigt einen erhöhten Energieaufwand.

Wird unnötig viel Energie zur Umsetzung des Schreibens (Schreibtechnik) verwendet, bleibt der eigentlichen geistigen Tätigkeit zu wenig Energie (Rechtschreibung, Ausdruck, Inhalt ...). *Bei optimaler Stifthaltung macht das Schreiben mehr Spaß!*

Übung 4: Balancieren

Um dem Kind die Funktion des Mittelfingers beim Scheiben zu veranschaulichen, ist die folgende Übung sinnvoll.

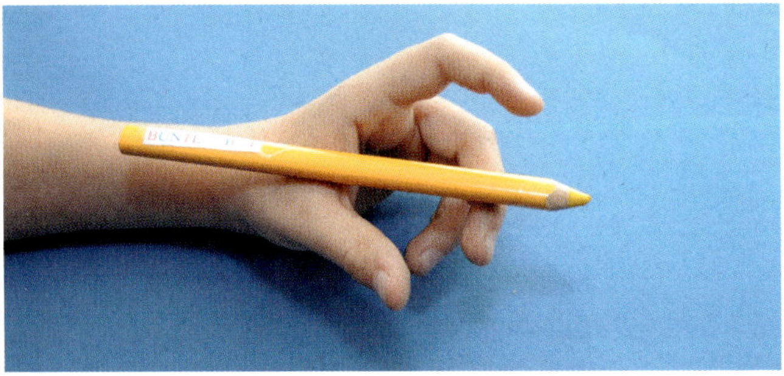

So wird der Stift richtig vom Mittelfinger balanciert

Der Stift wird auf dem letzten Glied des Mittelfingers und in der Kuhle zwischen Daumen und Zeigefinger balanciert. Erklären Sie Ihrem Kind, dass der Mittelfinger sozusagen das „Sofa" für den Stift darstellt.

Gemeinsam mit dem Kind kann man nun um einen Tisch laufen oder eine andere Strecke in der Wohnung als „Parcours" verwenden. Der Stift darf dabei nicht herunterfallen und er muss die ganze Zeit ausschließlich von Mittelfinger und Daumenkuhle balanciert werden. Als höhere Schwierigkeitsstufe kann das Kind auch versuchen, eine bestimmte Strecke im Zimmer mit geschlossenen Augen zu laufen.

Mit dieser Übung können Kinder die Funktion des Mittelfingers für die Stifthaltung selbst erfühlen. Der Mittelfinger trägt den Stift. Oft versuchen die Kinder, den Stift mithilfe des Zeigefingers auf dem Mittelfinger einzuklemmen – dies ist natürlich falsch und muss korrigiert werden.

So ist es falsch!

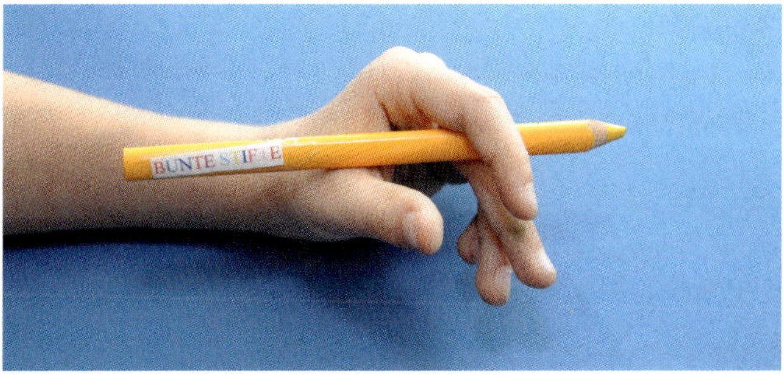

Auch der ***Zeigefinger*** hat seine eigene Funktion. Gemeinsam mit dem Daumen kann der Zeigefinger im „Pinzettengriff" den Stift halten.

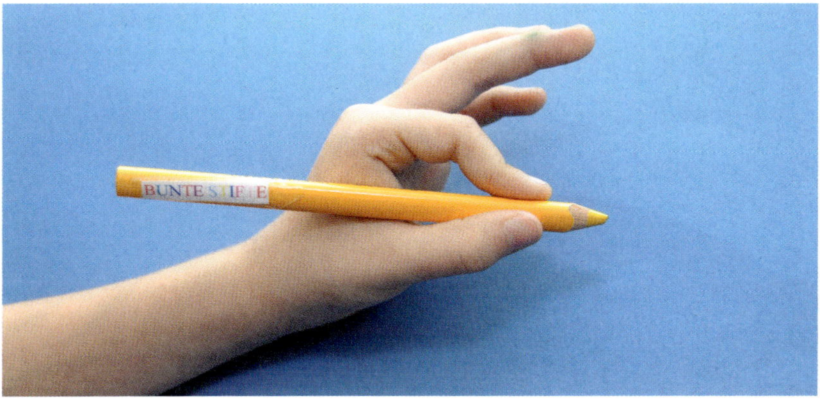

Aber erst mit dem Mittelfinger als Stütze wird aus diesem instabilen Griff eine bewegliche Stifthaltung.

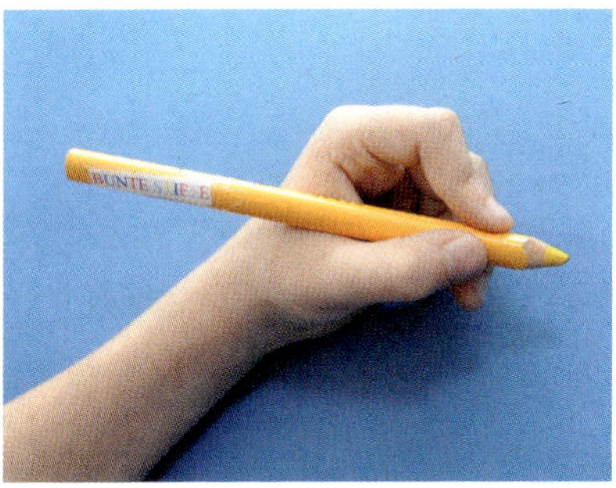

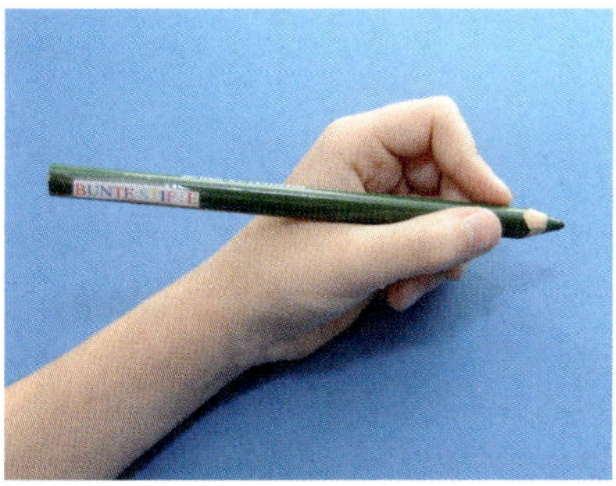

Zwei Ansichten der optimalen Stifthaltung

Häufiger Fehler:

Der Zeigefinger wird auf den Stift *gelegt*, statt *auf gleicher Höhe* mit dem Daumen auf dem Stift positioniert.

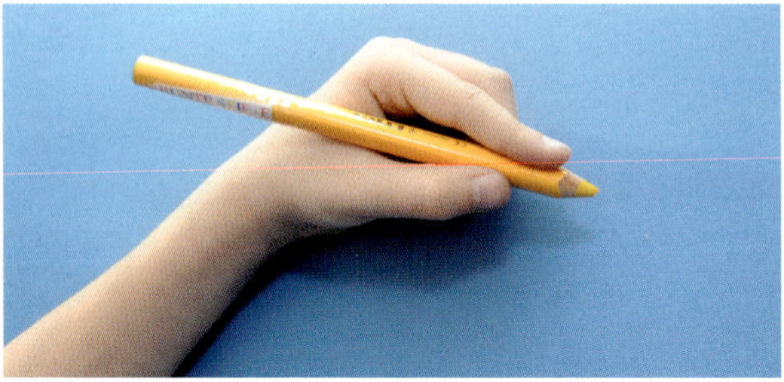

Der Zeigefinger liegt auf dem Stift – falsch!

In meinen Schreibkursen spreche ich in diesem Zusammenhang gerne von dem „müden“ Zeigefinger, der – wenn er so faul auf dem Stift liegt – das Schreiben viel zu anstrengend macht.

Denn auch hier gilt: Verlässt ein Finger seine Schreibposition, können auch die anderen Finger nicht mehr ihrer Aufgabe nachkommen. Eine Stiftbewegung aus den Schreibfingern heraus ist nicht mehr möglich und als Folge muss die Schreibbewegung aus dem Handgelenk oder dem Unterarm erzeugt werden, was einen deutlich erhöhten und unnötigen Energiebedarf für das schreibende Kind darstellt.

Der ***Daumen*** hat ebenfalls eine feste Aufgabe, die er nur bei optimaler Positionierung ausführen kann: Die Daumenspitze (Daumennagel) zeigt zu der Stiftmine oder Feder.

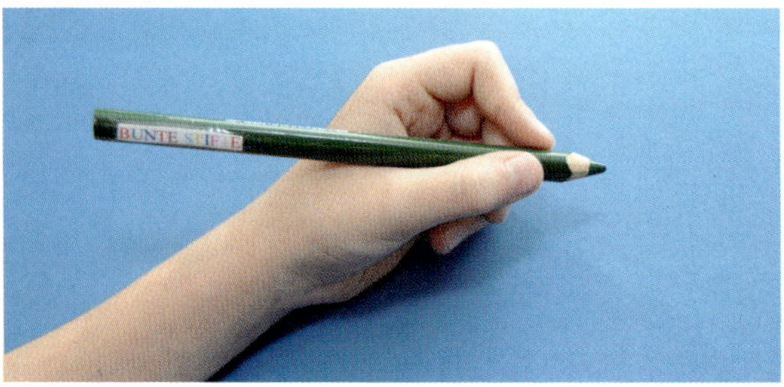

Hier liegt der Daumen richtig

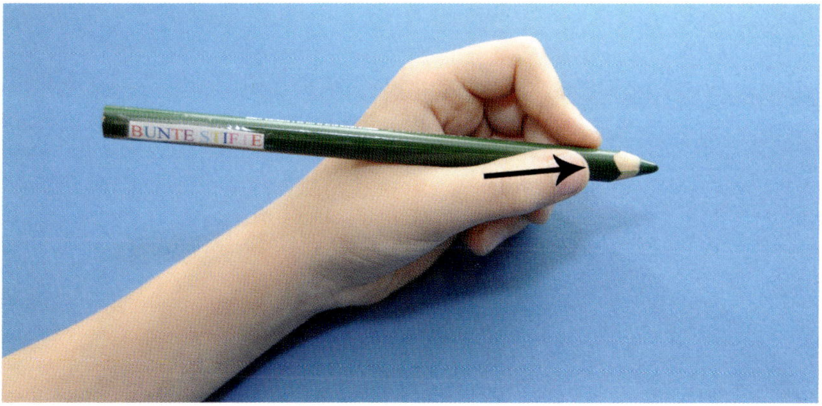

Richtige Daumenlage – mit aufgemaltem Pfeil

Wird der Daumen jedoch quer über den Stift gelegt, verlieren die beiden anderen Schreibfinger auch hierbei wieder ihre Funktion und es muss aus dem Handgelenk bzw. dem Unterarm geschrieben werden.

Daumen und Zeigefinger lenken beim Schreiben den Stift; das ist ihnen allerdings nur dann möglich, wenn sie den Stift nicht zusätzlich stützen müssen. (Wir erinnern uns: Dies ist Aufgabe des Mittelfingers.)

Falsche Daumenhaltung

Ringfinger und kleiner Finger müssen ebenfalls eine bestimmte Position einnehmen, um die Schreibbewegung der Hand positiv zu unterstützen: *Beide Fingerspitzen zeigen in die Handinnenfläche.*

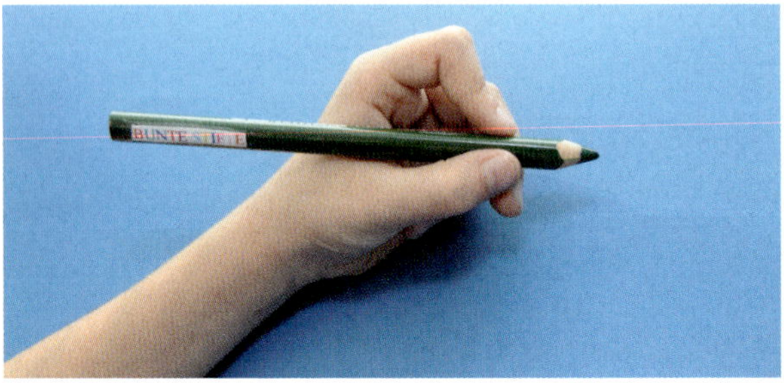

Richtige Stifthaltung

Um dies zu erreichen, hilft oft ein kleiner Trick: Man gibt dem Kind zum Beispiel einen halben Radiergummi oder eine Erdnuss mit Schale in die Hand und erklärt, dass es die Aufgabe von Ringfinger und kleinem Finger ist, diesen kleinen Gegenstand festzuhalten.

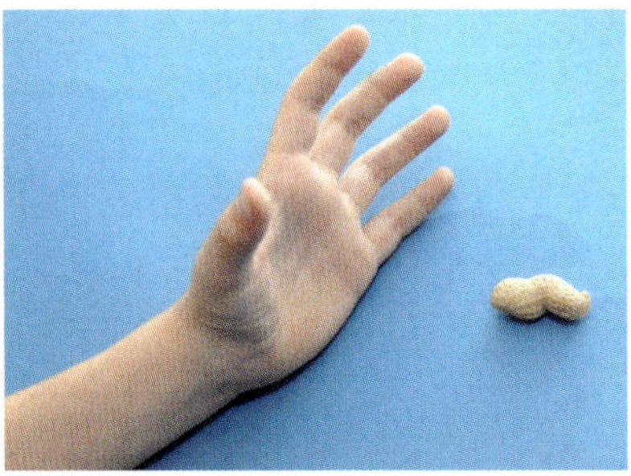

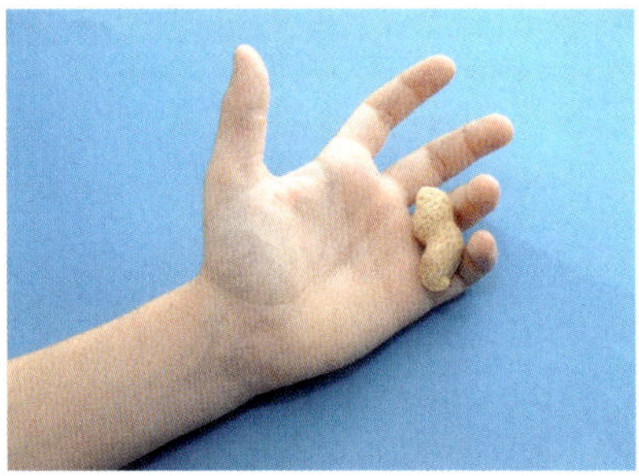

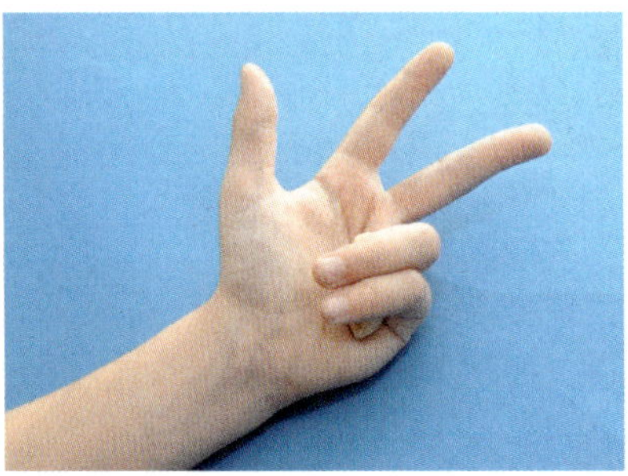

Somit liegen diese beiden Finger automatisch in der richtigen Position und ermöglichen zum einen die benötigte Stabilität der Hand und zum anderen die entsprechende Bewegungsfreiheit (Mobilität) der drei Schreibfinger.

Zwei ungünstige Varianten: Schreiben mit offener Hand

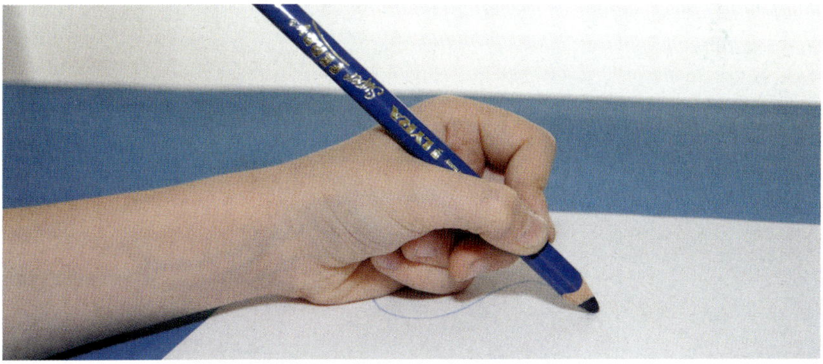

Richtig: Kleiner Finger und Ringfinger sind angelegt

Bei dieser beschriebenen Stifthaltung kann das Kind entspannt und ohne viel Energieaufwand schreiben.

Ein Tipp zur Kontrolle – der Kontrollblick:

Das Stiftende sollte schräg hinter das Kind zeigen. Zeigt das Stiftende zur Decke oder gar nach vorne (vom Kind aus gesehen), ist dies die Folge eines „verrutschten Daumens“.

Stiftende zeigt nach vorne – falsch!

Stiftende zeigt zur Decke – falsch!

Stiftende zeigt schräg hinter das Kind – richtig!

Ebenso ist darauf zu achten, dass **das Handgelenk beim Schreiben auf der Tischplatte** aufliegt. Ist dies nicht der Fall, kann die Bewegung folglich nicht aus den Schreibfingern erzeugt werden, sondern muss aus dem Unterarm erfolgen.

Handgelenk oben – falsch!

Handgelenk unten – richtig!

Manche Kinder halten den Stift viel zu weit vorne fest. Somit verdecken sie in erster Linie ihre Sicht auf das Geschriebene und es zeigt sich häufig, dass in dieser Schreibposition zu wenig Halt für die Schreibfinger hergestellt werden kann. Auch hier hilft ein kleiner Trick – die *Fingerbremse*: Einfach einen Haushaltsgummi um das vordere Ende des Bleistifts wickeln!

Stift zu weit vorn

Trick: Fingerbremse

Die *amerikanische Stifthaltung* – eine sinnvolle Alternative!

Weil alle Kinder unterschiedlich sind und nicht jedes Kind mit dem hier erklärten Drei-Punkt-Griff schreiben kann, ist die Kenntnis von Alternativen wichtig.

Amerikanische Stifthaltung

Bei der hier abgebildeten Stifthaltung haben die drei Schreibfinger ganz andere Funktionen:

Zeigefinger und Mittelfinger bieten dem Stift Halt und allein der Daumen lenkt den Stift.

> **Wichtig:**
> Die Übungen zur Förderung der Beweglichkeit der Schreibfinger sollen nicht bei rechtshändig schreibenden Kindern angewendet werden!
> Eine verkrampfte, ungünstige Stifthaltung ist meiner Erfahrung nach meist Folge einer Händigkeitsumschulung und somit nicht die Ursache, die es zu beheben gilt! Die Gefahr, ein umgeschult linkshändiges Kind weiter umzuschulen, ist sehr groß. Daher gelten diese Übungsvorschläge ausschließlich für linkshändige Kinder, die sich entweder im Rückschulungsprozess befinden oder deren Stifthaltung verbessert (gefördert) werden soll.

KAPITEL 16

Die Bedeutung der richtigen Blattlage

Ausschlaggebend beim linkshändigen Schreiben ist die richtige Blattlage.

Früher wurde für das rechtshändige Schreiben von Linkshändern immer das Scheinargument angeführt: „Linkshänder verwischen das Geschriebene."

Das ist so nicht richtig – zum Verwischen kommt es nur dann, wenn das linkshändige Kind das Blatt „rechtshändig" kippt!

Zeigt man dem Kind die entsprechende linkshändertypische Blattneigung, kann auch ein linkshändiges Kind schreiben, ohne über das Geschriebene zu wischen:

Als Folge dieser Blatthaltung kann das Kind beim Schreiben die ganze Zeile überblicken.

Zeigt man dem Kind die entsprechende linkshändertypische Blattneigung, kann auch ein linkshändiges Kind schreiben, ohne über das Geschriebene zu wischen.

Falsch: Rechtshändige Blattlage. Folge: Schrift wird mit Schreibhand verdeckt (= Hakenhand)

Richtig: Linkshändige Blattlage. Folge: Sichtkontakt zur Schrift

Zur sogenannten und vielen Menschen vertrauten „Hakenhand" beim linkshändigen Schreiben kommt es, wenn das Blatt rechtshändertypisch gekippt wird. Wenn linkshändige Kinder keine besondere Anleitung zum Schreiben erhalten, werden sie meist die Blattlage ihres rechtshändigen Sitznachbarn nachahmen. Um bei dieser rechtshändigen Blattlage überhaupt noch die Zeile beschriften zu können, muss das linkhändige Kind (auch der linkshändige Erwachsene) die Hand abwinkeln und so entsteht die abgebildete Hakenhand. (Oberes Foto)

Gerade Blattlage ist für linkshändiges Schreiben ungeeignet

Wird das Blatt ganz gerade gehalten, kann das links schreibende Kind weder lesen, was es schreibt, noch kann es das Geschriebene später entziffern, weil die Schreibhand die frische Tinte verwischt hat.

Dass viele Grundschullehrerinnen und Grundschullehrer auch heute noch den Schulkindern vorgeben: „Die Hefte müssen gerade und mittig vor euch auf der Tischplatte liegen", ist nicht zu akzeptieren, denn ergonomisch ist diese gerade Blattlage weder für ein rechts schreibendes noch für ein links schreibendes Kind sinnvoll. Da Kinder dazu neigen, eher ihren Körper zu „verbiegen" als die Blattlage zu ändern, ist hier dringend die Unterstützung von qualifizierten Lehrkräften gefordert.

Beide Fotos zeigen entspannte Stifthaltung mit richtiger Blattlage

Das Blatt sollte so weit nach rechts gekippt werden, dass die Hand während des Schreibens problemlos unter der Zeile geführt werden kann. Der Unterarm liegt zu zwei Dritteln auf der Tischplatte auf, der Ellbogen jedoch nicht!

Vorteile:

- Sichtkontakt zum Geschriebenen
- Verwischen der Tinte ist so nicht möglich
- Entspanntes Schreiben

Ebenso wichtig ist es, dem Kind den Hinweis zu geben: „Schreibe immer nur in einer entspannten Haltung und ändere nicht deine Körperhaltung, sondern verändere die Blattlage!“

Die Kinder (und nicht nur sie!) neigen dazu, wenn sie ein Blatt beschriften, dieses wie festgeklebt liegen zu lassen und stattdessen ihren Körper zu „verbiegen“.

Falsche Körperhaltung

Richtige Körperhaltung

Vielleicht kennen Sie das auch: das „schöne Schreibgefühl der ersten Zeile“. Dieses Gefühl stellt sich bei vielen Menschen ein, nachdem sie ein Din-A4-Blatt ganz vollgeschrieben haben und danach mit dem Beschriften eines neuen Blattes beginnen: das gute Gefühl, endlich wieder oben in die erste Zeile schreiben zu dürfen!

Dieses schöne Gefühl könnte man *immer* haben, wenn man während des Schreibens *nicht den Schreibarm* bewegen (also nicht in Richtung Körpermitte schreiben) würde, sondern das *Blatt* bewegen, es also Zeile um Zeile nach oben, vom Körper weg schieben würde. Kurzum: D*er Unterarm bleibt stabil, das Blatt ist mobil!*

Somit erklärt sich an dieser Stelle fast von selbst die Anordnung auf dem Schreibtisch: Das Kind benötigt Platz zur Linken und Platz nach oben, das heißt: Wenn der Schreibtisch des Kindes – wie so viele – sehr schmal ist, hilft es, ihn etwas von der Wand abzurücken. Auch Buchstützen auf dem Tisch ermöglichen mehr Platz.

Der Schreibtisch ist hier ein wenig von Wand abgerückt

Schreibtisch mit Heft und Buchstütze

Auch ist es wichtig, dem Kind das Blatt zur linken Körperseite zu legen: Das Blatt liegt immer auf der Seite der Schreibhand! Und nun orientieren wir uns weiter am Körper und benutzen den linken Unterarm sozusagen „richtungweisend".

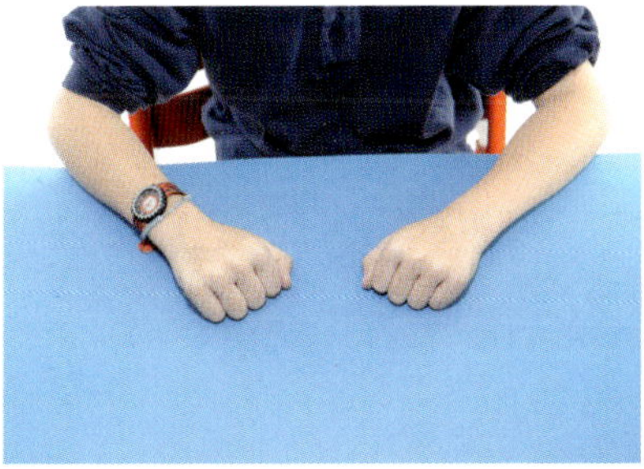

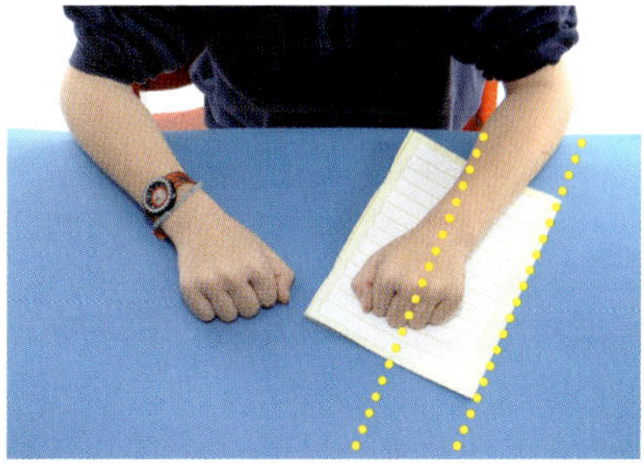

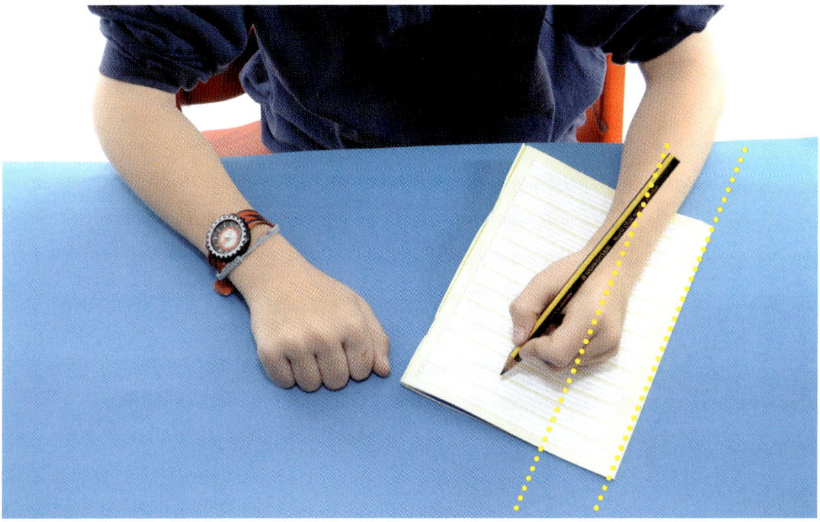

Der Unterarm und die Blattaußenseiten sollten parallel verlaufen; dadurch wird ein ergonomisch entspanntes Schreiben möglich, ohne das Geschriebene zu verdecken und beim Schreiben mit Tinte zu verwischen.

In dieser Haltung – gespiegelt auf die rechte Seite – schreiben übrigens die meisten Rechtshänder ganz automatisch, und zwar deshalb, weil es eine sehr entspannte Schreibhaltung ist.

Unterarm und Ellbogen bieten gute Orientierungspunkte für eine entspannte Körperhaltung beim Schreiben:

Zwei Drittel des Unterarms liegen auf der Tischplatte – der Ellbogen sollte beim Schreiben *nicht* mit auf der Tischplatte liegen.

Wichtig ist, darauf zu achten, dass das Kind den Oberarm nicht an den Oberkörper andrückt. Als Kontrolle dient hier ein Blick auf die Schultern: Befinden sich beide Schultern auf gleicher Höhe, so sitzt das Kind entspannt; ist aber die linke Schulter höher, also „dem Ohr zugeneigt", dann sitzt das Kind in einer ungünstigen, verkrampften Haltung.

(Oft ist in dieser Position der Ellbogen mitsamt dem Oberarm fest an den Oberkörper gepresst!)

Falsche Körperhaltung

Richtige Körperhaltung

Eine verkrampfte Körperhaltung und auch eine verkrampfte Stifthaltung führen dazu, dass das Kind allein schon beim Schreiben einen erhöhten Energiebedarf hat. Da aber jeder nur eine begrenzte Menge an Energie zur Verfügung hat, sollte man vermeiden, diese für die Schriftproduktion zu vergeuden. Darüber nachzudenken, was zu schreiben ist und wie es zu schreiben ist, dafür bleibt dann zu wenig Energie.

Aus dem hier Dargestellten erklärt sich die Notwendigkeit, dem linkshändigen Kind durch Anleitung zur richtigen Blattlage, Stifthaltung und Körperhaltung eine optimale Verteilung seiner Ressourcen (Energiereserven) zu ermöglichen.

Beim Schreiben geht es schließlich um Inhalte und nicht in der Hauptsache um das Malen von Buchstaben. Die Tätigkeit mit Stift und Papier ist lediglich Mittel zum Zweck.

Voraussetzung für eine entspannte Körperhaltung beim Schreiben ist richtiges Sitzen.

Zum Schreiben sollte ein Kind immer auf einem seiner Körpergröße angepassten Stuhl sitzen, der genau auf die Schreibtischhöhe abgestimmt sein muss. Relevant ist dabei der Höhenabstand zwischen der Sitzfläche und der Tischplatte. Bei einem höhenverstellbaren Schreibtisch wird die Schreibtischhöhe passend zur Sitzfläche eingestellt; bei einem höhenverstellbaren Stuhl (mit Fußbrett) wird der Stuhl auf die Schreibtischhöhe eingestellt. Bei vielen Kindermöbeln kann beides verstellt werden.

Richtiges Sitzen:

1. Die Sitzhöhe des Stuhls muss so eingestellt sein, dass die Fußsohlen beim Sitzen vollständig den Boden berühren (bzw. die Bodenplatte des Stuhl oder eine Fußbank).
2. Der Winkel zwischen Oberschenkel und Unterschenkel (Kniebeugungswinkel) sollte ein offener Winkel sein (etwas größer als 90 Grad). Man kann sich hier gut am Knie orientieren: Das Knie sollte immer etwas tiefer als der Hüftknochen liegen.

Fußplatte des Stuhls und Tischhöhe sind auf Größe des Kindes eingestellt

Die Tischhöhe ist hier auf die Größe des Jugendlichen eingestellt

3. Sitzt das Kind aufrecht (gerade) am Tisch, sollte der Unterarm zum Schreiben entspannt auf der Tischplatte aufliegen, Oberarm und Unterarm bilden nun einen rechten Winkel. (Zur Tischplatte ist der Oberarm senkrecht und der Unterarm waagerecht.)
4. Zwei Drittel des Unterarms liegen auf der Tischplatte auf, der Ellbogen befindet sich jedoch nicht mit auf der Tischplatte.

Vier Grundvoraussetzungen:
„Einfach links schreiben"
können linkshändige Kinder nur …

- **mit der dominanten linken Hand,**
- **mit entspannter Stifthaltung,**
- **mit richtiger Blattlage,**
- **mit passendem Stuhl und Tisch.**

Wissenswertes zum Thema Energieverteilung

Das Gewicht des menschlichen Gehirns beträgt 2 Prozent des Körpergewichts, also nicht gerade viel. Allerdings ist der Sauerstoffverbrauch umso höher: 20 Prozent unseres gesamten Sauerstoffverbrauchs benötigt unser Gehirn.
Wenn dieses kleine Organ nun schon eine so hohe Sauerstoffzufuhr benötigt, um optimal zu arbeiten, warum sollte der Mensch diese Energie dann unnötig verschwenden?
Konzentrationsmangel ist häufig Folge von ungünstiger Energieverteilung (Energieverschwendung).

Es geht meiner Meinung darum, den Kindern Zugang zu ihren vorhandenen Fähigkeiten zu ermöglichen, und dazu gehört es, dass linkshändige Kinder dazu angelernt werden, in entspannter Haltung zu schreiben. So, wie nur der linke Schuh dem linken Fuß passt, so passt auch nur die linkshändige Blattlage zum linkshändigen Schreiben.

Der Mensch hat nicht zwei gleiche Hände, sondern spiegelgleiche. Folglich benötigt der Mensch für seine beiden Hände nicht einfach zwei gleiche Werkzeuge, sondern spiegelgleiche. Mit zwei rechten Handschuhen kann niemand so recht etwas anfangen.

Da bei Linkshändern das bildhafte Denken besonders gut ausgeprägt ist, erkläre ich linkshändigen Kindern Zusammenhänge meist an sehr anschaulichen Beispielen. Hier mein Beispiel für Energieverschwendung: Wenn im Winter alle Fenster im Klassenraum weit geöffnet blieben, könnte auch die beste Heizung die Luft dort nicht richtig erwärmen.

Fazit:
Nur bei optimaler Blattlage und Stifthaltung bleiben dem links schreibenden Kind all die Energien, die auch ein rechts schreibendes Kind zur Verfügung hat; es gilt hier im Sinne der Chancengleichheit zu handeln.

KAPITEL 17

Wichtige Alltagsgegenstände und nützliche Tipps für linkshändige Kinder

Keine Sorge, linkshändige Kinder benötigen nicht vieles „extra“, aber ein paar wenige Dinge schon.

Linkshänderschere

Mit den Scheren verhält es sich wie mit den Schuhen. Nur der rechte Fuß passt in den rechten Schuh und nur der linke Fuß passt in den linken Schuh. Scheren sind gewöhnlich für den Gebrauch der rechten Hand konzipiert. Wer linkshändig mit einer Rechtshänderschere schneidet, der kann zum einen die Schnittkante der Schere nicht sehen und zum anderen stört der Schneiderest, da er sich dann nicht *unter* der Schnittlinie, sondern *darüber* befindet. Kinder verlieren dadurch zum einen schnell den Spaß am Ausschneiden und zum anderen werden bei ungeeigneten Werkzeugen fälschlicherweise feinmotorische „Defizite“ erzeugt und/oder unterstellt!

Wenn linkshändige Kinder keine für sie geeigneten Werkzeuge zur Verfügung haben, *entwickeln einige von ihnen ganz spezielle Techniken*, um linkshändig in einer rechthändig orientierten Umgebung zurechtzukommen – *andere aber scheitern am falschen Werkzeug* (und bedienen damit scheinbar das alte Vorurteil, dass Linkshänder ungeschickt seien, siehe Kapitel 3).

Vielleicht gehört Ihr Kind zu jenen, die die Schere scheinbar rechtshändig benutzen (damit ist gemeint, dass die rechte Hand zwar die Schere hält, aber die linke Hand das Papier zur Schneide führt); oder aber Ihr Kind schneidet linkshändig mit einer Rechtshänderschere. Solange die Kinder mit ihren Techniken erfolgreich sind, gibt es keinen Anlass, etwas zu verändern. Sind sie aber mit ihren Techniken nicht erfolgreich, so kann nicht eindringlich genug auf die Notwendigkeit von adäquatem Werkzeug hingewiesen werden.

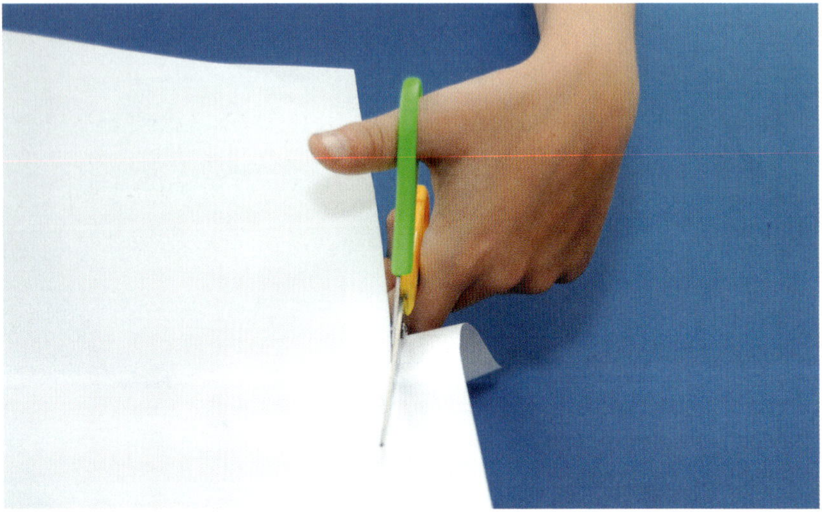

Schneiden mit einer Linkshänderschere: Die Schere ist in der linken Hand – der Schneiderest ist automatisch unter der Schnittkante

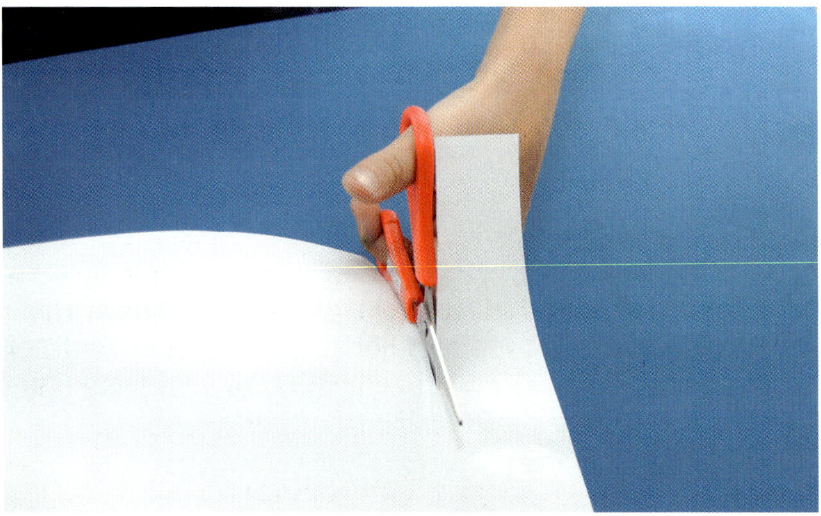

Schneiden mit einer Rechtshänderschere in der linken Hand: Der Schneiderest verdeckt die Schnittkante

Linkshänderanspitzer

Diesen brauchen linkshändige Kinder, damit endlich Schluss ist mit dem ständigen Abbrechen der Stiftspitze beim Anspitzen.

Füller mit Linkshänderfeder

Oder mein persönlicher Tipp: Füller mit „Anfangsfeder" – diese ist zwar nicht speziell für Linkshänder, sondern für Schreibanfänger, wird aber auch gern von größeren Linkshändern verwendet, weil diese A-Federn anpassungsfähiger sind.

Dosenöffner für Linkshänder

Kartoffelschäler für Linkshänder

Brotmesser für Linkshänder

Vorkehrungen für sicheres Radfahren

Bei kleinen Kindern ist es sinnvoll, die Handbremse von Anfang an auf die linke Seite des Lenkers zu montieren bzw. die Bremse von rechts nach links zu versetzen.

Wenn das Kind später ein Fahrrad mit den üblichen zwei Handbremsen am Lenker benutzt, ist es für die Sicherheit des linkshändigen Kindes wichtig, die beiden Bremsengriffe oder die Bremszüge zu vertauschen. Denn wenn ein Kind oder ein Erwachsener in einer kritischen Situation eine Vollbremsung mit beiden Handbremsen macht (ohne Rücktritt), wird immer die dominante Hand stärker und schneller ziehen. Das heißt, bei einem normalen Rad (Handbremsen sind immer für Rechtshänder montiert) wird ein Linkshänder mit der linken Hand stärker bremsen, was zur Folge haben kann, dass er kopfüber über den Lenker fällt, denn er hat die Vorderradbremse schneller und stärker gezogen, als die Hinterradbremse!

Schreibtischausstattung und -gestaltung

Schreibtische für Kinder sind meist sehr schmal – *Buchstützen* können helfen, dieses Platzproblem etwas zu reduzieren. Geht man noch dazu über, den Schreibtisch etwas von der Wand abzurücken, gewinnt man noch mehr Platz. Das Kind benötigt diesen Platz nach oben (um das Heft hochschieben zu können) und den Platz zu seiner Linken für entsprechende Bewegungsfreiheit beim Schreiben.

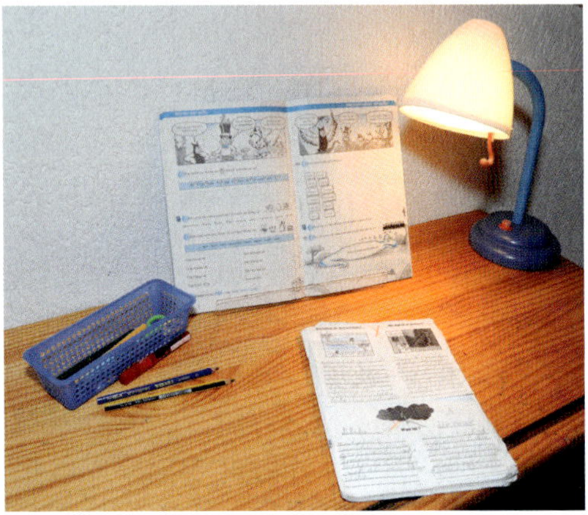

Die *Schreibtischlampe* sollte auf der rechten Seite oder oben mittig stehen. Befinden sich Schreibtischlampe und Schreibhand nämlich auf der gleichen Seite des Schreibtischs, so wirft die Schreibhand immer Schatten auf das Blatt Papier, das gerade beschrieben wird.

Sicher Inliner fahren

Viele Inliner verfügen nur über *einen* Bremsklotz, der meist am rechten Schuh angebracht ist. Da viele Linkshänder auch linksfüßig sind, ist es sinnvoll, den Bremsklotz am Schuh des Führungsbeines zu montieren.

Handarbeit

Zum erfolgreichen Handarbeiten gehören selbstverständlich Anleitungen zum linkshändigen Häkeln und Stricken. Sie sind unter anderem zu finden in Büchern wie diesen:

- *Linkshändige Kinder richtig fördern* von Sylvia Weber
- *Das linkshändige Kind in der Grundschule* von Johanna Barbara Sattler

Auch das Recherchieren im Internet ist in diesem Fall empfehlenswert.

SCHLUSSWORT

Liebe Leserin, lieber Leser,

ich hoffe, Sie können mit vielen der Ihnen angebotenen Informationen, Tipps und Hinweise etwas anfangen und das Buch hilft Ihnen über so machen „Frust“ hinweg.

Lassen Sie sich nicht entmutigen, sondern helfen Sie Ihrem Schreibanfänger oder Ihrem rückschulenden Kind auch weiterhin bei der anfänglichen Herausforderung des linkshändigen Schreibens.

So, wie dieses Buch Hilfestellungen geben soll, so haben mir viele Menschen geholfen, damit dieses Buch überhaupt entstehen konnte.

An erster Stelle möchte ich hier meiner Familie danken: meinem Mann Jörg Bremer und meinen Söhnen Lasse, Nils und Eric, die mich tatkräftig unterstützt haben.

Ebenso möchte ich meiner Mutter Doris Roos, meiner Cousine Patricia Lösch sowie Krysztov Hülsen für die vielen Hilfen am Computer danken. Fürs Korrekturlesen danke ich Katja Polomsky-Weddig, Janne Pölz und Diplompädagogin Petra Buchta. Jan Schrattenholz danke ich für seine spontane Unterstützung.

Mein Wissen über Händigkeit und umgeschulte Händigkeit verdanke ich den Arbeiten von Dr. Johanna Barbara Sattler. Mein besonderer Dank gilt ihrer unermüdlichen, jahrzehntelangen Arbeit und Forschung.

Abschließend möchte ich meiner lieben Mentorin, Frau Mechthild Braun, danken. Ohne ihren Zuspruch und ihre Unterstützung hätte ich mich wohl nie in diese Arbeit gewagt.

Im Herbst 2009

Judith Bremer

ANHANG

Literatur zum Weiterlesen

Calvin, William, und Ojemann, George: *Einsicht ins Gehirn. Wie denken und Sprache entstehen*, München: dtv, 2000

Hüther, Gerald: *Bedienungsanleitung für ein menschliches Gehirn*, Göttingen: Vandenhoeck & Ruprecht, 7. Aufl. 2007

Meyer, Rolf W.: *Linkshändig?*, Hannover: Humboldt, 9. Aufl. 2008

Neider, Andreas (Hrsg.): *Wer strukturiert das menschliche Gehirn?*, Stuttgart: Freies Geistesleben, 2006

Pauli, Sabine, und Kisch, Andrea: *Geschickte Hände, wacher Verstand. Feinmotorik spielerisch entwickeln*, Berlin: Urania-Ravensburger, 2001

Sattler, Johanna Barbara: *Links und Rechts in der Wahrnehmung des Menschen. Zur Geschichte der Linkshändigkeit*, Donauwörth: Auer, 2000
dies.: *Übungsheft für Linkshänder*, Donauwörth: Auer, 5. Aufl. 2001
dies.: *Der umgeschulte Linkshänder oder der Knoten im Gehirn*, Donauwörth: Auer, 7. Aufl. 2003
dies.: *Linkshändige Kinder im Krippen- und Kindergartenalter. Eine illustrierte Praxishilfe für Erzieherinnen und Eltern*, Donauwörth: Auer, 1. Aufl. 2007
dies.: *Übungen für Linkshänder. Schreiben und Hantieren mit links*, Donauwörth: Auer, 9. Aufl. 2007
dies.: *Das linkshändige Kind in der Grundschule*, Donauwörth: Auer, 15. Aufl. 2008

Sovak, Milos: *Pädagogische Probleme der Lateralität*, Berlin: Volk und Gesundheit VEB, 1968

Springer, Sally, und Deutsch, Georg: *Linkes – rechtes Gehirn*, Heidelberg/Berlin: Spektrum Akadem. Verlag, 4. Aufl. 1998

Strauch, Barbara: *Warum sie so seltsam sind. Gehirnentwicklung bei Teenagern*, Berlin: Berliner Tb.-Verlag, 2004

Weber, Sylvia: *Linkshändige Kinder richtig fördern*, München: Reinhardt, 3. Aufl. 2008

Nützliche Internetseiten

Allgemeine Informationen:

www.lefthander-consulting.org
www.lefthandcorner.wtal.de
www.linkshaender.at
www.linkshaenderberatungsstelle.de
www.linkshaenderforum.org
www.linkshaendige-kinder.de
www.linkshand.menge.cc

Linkshändigkeit und Musik:

www.cello-ergonomie.de:
Diese Seite wurde eingerichtet von dem Musikpädagogen Walter Mengler, Cellist im Sinfonieorchester Aachen; er informiert ausführlich über linkshändiges Cellospiel.

www.gezaloso.com:
Erster Musikverlag für Linkshänder

www.linkshaender.at:
In der Rubrik „Wissenswertes“ werden unter dem Titel: „Linkshändigkeit und Musikinstrumentenspiel“ einzelne Musikinstrumente bezüglich der Händigkeit des Musikers anschaulich erläutert.

www.streichinstrumente-mieten.de:
Vermietung/Verkauf von Streichinstrumenten für Links- und Rechtshänder

www.verleihinstrumente.de:
Verleih und Verkauf von Gitarren und Bässen für Linkshänder. Vgl. dazu auch:

www.die-linke-Bass-Saite.de
www.lefthandbass.de
www.musik-foag.de:
Klarinetten für Linkshänder

www.lefthandedpiano.com:
Informationen zu Christopher Seed, dem ersten linkshändig spielenden Pianisten

www.siri.ch:
Trompeten für Linkshänder

www.h-o-m-e.info:
Händigkeitsorientierte Musikerziehung

Shops und Versandhandel für Linkshänderprodukte:

Baden-Württemberg
www.hainlin.de
www.linkshaender-laden.com
www.zauberkiste-ueberlingen.de

Bayern
www.derlinkshaendler.de
www.links24.net
www.schulranzenonline.de
www.sinergo.de

Hamburg
www.left-handers-world.com
www.lieb-links.com

Hessen
www.derlinkshaender.de
www.linkshandversand.de
www.sinnvoll-lernen.de

Niedersachsen
www.lafueliki.de
www.linkshandartikel.de
www.links-krams.de
www.sinistrius.de

Nordrhein-Westfalen
www.lefthandgear.de
www.mit-linx.de

Rheinland-Pfalz
www.linkshandversand.de

Sachsen-Anhalt
www.lefthand.de

Sachsen
www.linkshaender-sachsen.de

Schleswig-Holstein
www.left-handers-world.com
www.leftisright.de

Thüringen
www.linkshaender.de

Der internationale Linkshändertag

Dieser Linkshändertag wurde von dem Amerikaner Dean R. Campbell zusammen mit seiner Organisation *Lefthanders international* ins Leben gerufen. Campbell, selbst Linkshänder, wollte damit auf ungleiche Behandlung von Linkshänder aufmerksam machen.

Um diesem Tag auch ein besonderes Datum zu geben, wählte er Freitag, den 13. August, im Jahre 1976. Seither wird, hauptsächlich von Linkshändern, in vielen Ländern an diesem Tag eine besondere Öffentlichkeitsarbeit zum Thema geleistet.

Inken Spreda, Gründerin von „Die deutsche Linkshänderseite" *(www.linkshaenderseite.de)* hat zu Ehren dieses Tages den hier abgebildeten Button entwickelt und bittet um rege Vervielfältigung. (Bei Benutzung des Buttons innerhalb der Medien bittet sie um Hinweis auf ihre Homepage.)

Spielzeug für linkshändige Kinder

Alljährlich zum internationalen Linkshändertag am 13. August wird in der „Ersten deutschen Beratungs- und Informationsstelle für Linkshänder und umgeschulte Linkshänder e. V." in München Spielzeug für linkshändige Kinder prämiert.

Die Auszeichnung wird seit 2002 jedes Jahr für ein ausgewähltes Spielzeug vergeben, das sowohl rechts- als auch linkshändig bedient/bespielt werden kann, also Spielzeug, das keine Benachteiligung darstellt durch Vorrichtungen, die nur mit der rechten oder nur mit der linken Hand zu bedienen sind. Der Hersteller des prämierten Spielzeugs erhält eine Urkunde und das hier abgebildete Label.

Vorschläge zur Prämierung sind willkommen und können von jedermann per Post an folgende Adresse gesandt werden:

Erste deutsche Beratungs- und Informationsstelle für Linkshänder und umgeschulte Linkshänder e. V.

Sendlinger Straße 17

80331 München

info@lefthander-consulting.org

Gedicht mit links

lichtung

manche meinen
lechts und rinks
kann man nicht velwechsern
werch ein illtum

Ernst Jandl (1966)

Mit freundlicher Genehmigung des Verlags zitiert nach:

Das Lied von der schönen Hand

„Die schöne Hand" ist der Text eines von der Liedermacherin Sabine Krüger für die Sylter Linkshänder-Initiative getexteten und komponierten Liedes. Die CD ist über Sabine Krüger zu beziehen. *(www.sabine-krüger.info)*

Die schöne Hand

Im deutschen Dichterdenkerland
hat man die Wahrheit früh erkannt
und gegen jeden Widerstand
dem Menschen ins Gehirn gebrannt
die Wahrheit von der schönen Hand,
der schönen Hand.

Mit dem schönen Händchen hält das Kind den Stift,
das sieht schön aus und macht eine schöne Schrift,
und das böse Händchen mit den vielen Tücken,
wartet einfach, wenn das Kind schreibt, auf dem Rücken.

Weil jeder rechte Mensch das gute Händchen mag,
sagt man auch nur mit dem guten „Guten Tag".

Doch die böse Hand ist so gemein,
bei manchem Kind mischt sie sich ein
und will das schöne Händchen sein.
Besieg sie, schlag sie, mach sie klein,
gib ihr nicht nach, bleib hart, sag nein, nein!

Mit dem schönen Händchen isst das Kind die Suppe,
mit dem schönen Händchen kämmt es seine Puppe,
denn die böse Hand ist linkisch, die guckt zu,
lass sie links liegen, irgendwann gibt sie dann Ruh!

Im deutschen Dichterdenkerland
gab nun die Wissenschaft bekannt,
die Wahrheit von der schönen Hand
entbehre jeden Sachverstand,
sie zu verbreiten, sei riskant.
Schreiben, schneiden, essen, malen –
linke Typen litten Qualen
und nun geht es ans Bezahlen.

Gebt das Geld für Pillen gegen Depressionen,
gebt das Geld für Alkoholentziehungskur'n
denn in den gepeinigten Gehirnregionen,
hinterließ die Lüge nun mal tiefe Spur'n.

Panik, Tics, Melancholie,
Schmerz, Erschöpfung, Selbsthass, Wut –
macht die Psychotherapie
jeden Schaden wieder gut?

Sind Gehirne erst gebrochen
geht's dem stärksten Menschen schlecht,
irgendwann wird Recht gesprochen,
hoffen wir, es ist euch recht.
Freundlich wink ich euch gleich zu,
ich wink links und rechts winkst du
und du, und du,
du nicht? Du auch nicht?
Linke Socke, linker Vogel, linker Typ …

Sprachliche Betrachtungen

Die Richtungsangaben rechts und links existieren nicht in allen Sprachen; einige Kulturen orientieren sich ausschließlich über die Himmelsrichtung. Kinder aus solchen Kulturen erlernen diesen inneren Kompass übrigens schneller als Kinder unserer Kultur die Unterscheidung von rechts und links.

Sprachwissenschaftler unterscheiden drei sprachliche Bezugssysteme der Raumorientierung:

1. subjektiv – damit wird die Orientierung am eigenen Körper bezeichnet: „Die Tasse steht links von dir"
2. räumlich – damit ist die Orientierung an der Himmelsrichtung gemeint: „Die Tasse steht südlich von dir."
3. objektzentriert – damit ist die räumliche Beziehung zwischen Gegenständen gemeint: „Die Tasse steht zwischen deinem und meinem Teller."

Der britische Linguist und Anthropologe Stephen Levinson erkundet für das Max-Planck-Institut für Psycholinguistik im niederländischen Nijmegen das räumliche Vokabular verschiedener Kulturen. Einen interessanten Artikel darüber finden Sie im Internet unter:

http://www.zeit.de/2005/01/B-Sprache (Autorin: Katharina Kramer)

Prominente Linkshänder

Eine interessante Fundstelle aus dem Internet:
www.maecky.com/privat2/links.htm

Boris Ruf aus Gomaringen in Baden-Württemberg machte sich die Mühe, hier die weltweit bisher größte Liste prominenter Linkshänder im Internet zu veröffentlichen.

Mehr als 850 Namen aus den Bereichen Wissenschaft – Literatur – Kunst – Politik – Geschichte – Unterhaltung – Sport sind dort nachzulesen. Darunter sind beispielsweise die folgenden Namen:

Ludwig van Beethoven
Michelangelo Buonarroti
Marie Curie
Albrecht Dürer
Albert Einstein
Mahatma Gandhi
Johann Wolfgang von Goethe
Paul Klee
Käthe Kollwitz
Marilyn Monroe
Wolfgang Amadeus Mozart
Isaac Newton
Pablo Picasso
Peter Paul Rubens
Leonardo da Vinci

Eselsbrücke: Wo ist links?

Links ist da, wo das L ist!

Ein linkshändiger Weihnachtsmann

Auch der Weihnachtsmann ist Linkshänder!

Fundstück von Dr. Bettina Ruhmke. Danke!

(Die Quelle war nicht zu ermitteln)

Sven Glückspilz – ein umgeschulter Linkshänder

© King Features Syndicate, Inc./Distr. Bulls
Abdruck mit freundlicher Genehmigung des Goldmann-Verlags

Über die Autorin

Judith Bremer (Jahrgang 1965) ist Diplompädagogin und zertifizierte Linkshänderberaterin nach der Methodik von Dr. Johanna Barbara Sattler. Sie testet ständig Kinder und Erwachsene, leitet regelmäßig stattfindende Schreibkurse und berät Eltern, Lehrer, Therapeuten und Erzieher. Judith Bremer ist auch in der Lehrerausbildung und Lehrerfortbildung tätig und hält Vorträge in Kindergärten, Schulen und Arbeitskreisen.

Kontakt: judith.bremer@t-online.de

Carla Hannaford:

Mit Auge und Ohr, mit Hand und Fuß

Gehirnorganisationsprofile erkennen und optimal nutzen

Leseprobe unter: www.vakverlag.de

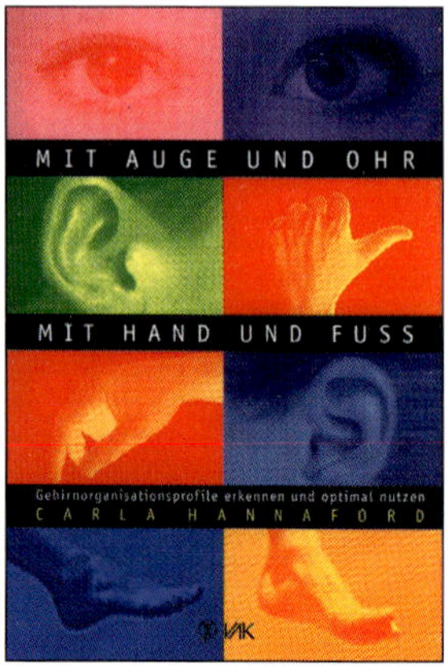

Carla Hannaford gibt hier Anleitung zur Selbsterkennntnis: Wie lerne, arbeite und kommuniziere ich am liebsten? Wie ist mein Gehirn mit den Sinnesorganen neurologisch „verkabelt"? Welches ist mein geschickteres und häufiger benutztes Auge, Ohr usw.? Wie sieht also mein „Dominanzprofil" aus? Und sie zeigt Handlungsmöglichkeiten auf: Wie kann ich Kindern helfen, die durch ihr angeborenes Dominanzprofil gegebenen Einschränkungen zu überwinden?

190 Seiten, 75 Abbildungen, Paperback (15 x 21,5 cm)
ISBN 978-3-932098-15-4

Ingrid Fink:

Kein Stress mit LRS

Praxiserprobter Leitfaden für Eltern und Pädagogen

Leseprobe unter: www.vakverlag.de

Woher kommt LRS bzw. Legasthenie? Woran erkennt man sie? Mit ihren Antworten vermittelt die Autorin aktuelles Fachwissen. Sie lenkt den Blick auf die Stärken der Legastheniker, auf das besondere Profil ihrer Begabung.
Den Schwerpunkt des Buches bilden kinesiologische Bewegungsspiele und spezielle Lernhilfen für Lesen, Schreiben und Rechnen. Darunter sind sowohl Vorschläge für die Unterstützung zu Hause als auch Techniken für den Schulunterricht und die Lernberatung.

210 Seiten, 115 Abbildungen, Paperback (16 x 22,5 cm)
ISBN 978-3-935767-39-2

Ursula Hohl-Brunner:

Buchstabensuppe und Zahlensalat

Wie die Augendominanz unser Lernen beeinflusst

Leseprobe unter: www.vakverlag.de

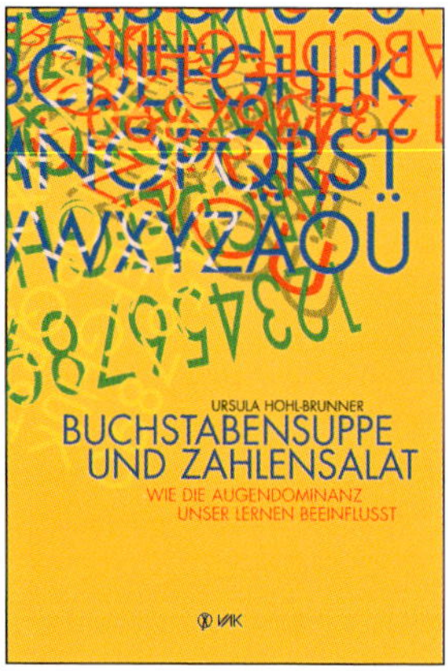

Wenn beim Lesen und Rechnen aus hinten vorne wird und oben unten ist, dann stehen nicht nur die betroffenen Kinder, sondern auch ihre Eltern, Lehrer und Therapeuten Kopf. Das vorliegende Buch beschreibt ein Phänomen, das nur wenigen bewusst ist: die linke oder wechselnde Dominanz der Augen beim Lernen.
Anhand anschaulicher Fallbeispiele werden die verschiedenen Lerndefizite vorgestellt, pädagogische Maßnahmen und therapeutische Interventionen erläutert sowie Tests zur Überprüfung der Augendominanz empfohlen.
190 Seiten, 46 Abbildungen, Paperback (15 x 21,5 cm)
ISBN 978-3-935767-31-6

